（宋）蘇轍 撰　傅增湘 校

傅增湘校本欒城集

第三册

國家圖書館出版社

第三册目録

卷八　詩六十八首

卷九 詩七十首

卷十　詩九十六首

卷十一　詩八十六首

卷十二　詩八十首

欒城集卷之八

宋西蜀蘇轍子由著

明東吳王執禮子敬仝校
顧天叙禮初

詩六十八首

寄范丈景仁

京城冠蓋如雲屯日中奔走爭市門敝裘瘦馬不知路獨向城西
尋隱君隱君白髮養浩氣高論驚世門無賓欣然爲我解東閣明
窗淨几舒華茵春天雪花大如手九衢斷絶愁四鄰平明熟睡呼
不覺清詩滌酒將相親我兄東來自東武走馬出見黃河濱及門

御遣不得入回顧欲去行無人東園桃李正欲發開門借與停車
輪青天露坐列觴豆落花飛絮飄衣巾畱連四月聽鵯鵊扁舟一
去浮奔渾人生聚散未可料世路險惡終勞神交遊畏避恐坐累
言詞欲吐聊復吞安得如公百無忌百間廣厦安貧身

次韻王肇上元見寄三首

藥擲良宵君謂何淸天流月鑑初磨莫辭病眼羞紅燭且試春衫
翦薄羅遷艷參差明繡戶舞腰輕瘦颭鶩鼉少年微服天街闊何
處相逢解佩珂

繁燈厭倦作閒遊行到僧居院院畱月影隨人深有意車音爭陌

去如流酒消鑿落寧論斗魚照琉璃定幾頭過眼繁華眞一夢終
宵寂寞未應愁
燈火熏天處處同暗遊應避栢臺驄高情自放喧闐外勝事偏多
淡泊中平日交遊徒夢想西都歌吹憶年豐知君未有南來意歸
去相從光與鴻

謝張安道惠馬

從事年來鬢似蓬破車倦僕衆人中作詩僅比窮張籍得馬還從
老晉公夜起趨朝非所事曉騎行樂定誰同慣乘欵段遊田里怯
聽駸駸兩耳風 張水部集有謝裴晉公惠馬詩

次韻子瞻贈梁交左藏

彭城欲往臺無檄初喜東西合爲一將軍走馬隨春風精鋭千人森尺籍口占佳句驚衆坐手練強兵試鳴鏑酒酣起舞花滿地醉倒不聽人扶出歸來相對如夢寐虎踞熊經苦岑寂黃樓方就可同遊飲盡官厨三百石

寒食遊南湖三首

春睡午方覺隔牆聞樂聲肩輿試扶病畫舫聽徐行適性逢樽酒開懷挹友生遊人定相笑白髮近從横

其二

遶郭春水滿被堤新柳黃官池無禁約野艇得飛揚浪泛歌聲遠花浮酒氣香晚風歸棹急細雨濕紅粧

其三

攜手臨池路時逢賣酒壚柳斜低繫纜草綠薦傾壺波蕩春心起風吹酒力無冠裳強包裹半醉遣誰扶

觀大閱

承平郡國減兵屯唯有留都一萬人票姚將軍思出塞從橫幕府諱和親旌旗不動風將轉部曲無聲馬亦馴八陣且留遺法在未須親試革車塵

送林子中安厚卿二學士奉使高麗二首

東夷從古慕中華萬里梯航今一家夜靜雙星先渡海風高八月
自還槎魚龍定亦知忠信象譯何勞較齒牙屈指歸來應自笑手
持玉帛賜天涯
官是蓬萊海上仙此行聊復看桑田鯤移鵬徙秋帆健潮闊天低
曉日鮮平地誰言無嶮岨仁人何處不安全但將美酒盈船去多
作新詩異域傳

送趙帆秘書還錢塘

世人何局促奔走鬢蒼蒼聞道餘杭守獨遊何有鄉禪心朝吐月

元氣夜生光清靜安罷瘵寬仁服暴強聲名高一世風采見諸郎

謁帝朱爲紱還家綵作裳經過留畫舫談笑接清觴問訊顏依舊

崢嶸歲自長人生眞幾許世味不堪嘗歸去聞詩罷求余卻老方

馬上見賣芍藥戲贈張厚之二絕

春風欲盡無尋處盡向南園芍藥中過盡此花眞盡也此生應與

此花同

春來便有南園約過盡春風約尙賒綠葉成陰花結子便須攜客

到君家

答見和

花柳蕭條行已老聖賢希闊未嘗中眼看芍藥紛紛盡賴有櫻桃顆顆同

塵編何用朝朝看新釀還須處處賒好事若能頻載酒不妨時復到楊家

送呂希道少卿知滁州

長恠名卿亦坐曹忽乘五馬列旌旄才多莫厭官無事郡小不妨名自高庶子定應韋賦詠醉翁聊復繼遊遨試尋苦戰清流下要識經綸帝業勞

次韻張恕春莫

祇言城市無佳處亦有南湖幾度遊好雨晴時三月盡啼鸎到後百花休老猿好飲常連臂野馬依人自絡頭不肯低回池上醉試看生滅水中漚

次韻傳宏推官義方亭

居近古城心自幽簞瓢足用更何求鷺飛旋趁春風出龍臥終聞莫雨搜科第聯翩收甲乙鄉閭驚怪問因由隱君淡泊無人識長夏一衫冬一裘

送梁交之徐州

湖水清且深新荷半猶卷未見紅粧窈窕娘先排翠羽參差扇水

面風生人未知欹傾俯仰長先見岸上遊人莫不歸清香入袖涼吹面投壺擊鞠綠楊陰共盡清樽飡白飯坐中飛將忽先起輕衫出試彭門遠百步洪西白浪翻戲馬臺南雲岫滿江山雄麗信宜人風流孰似梁王苑

次韻王鞏見寄

日永官閑自在慵門前客到未曾通憐君避世都門裏勸我忘憂酒盞中城下柳陰新過雨湖邊荷葉自翻風早須命駕追清賞大字新詩事事工

次韻李逵見贈

太學羣遊經最明青衫顦顇竟何成虀鹽仍作當年味名譽飛蠅過耳聲

次韻秦觀秀才攜李公擇書相訪

濟南三歲吾何求史君後到消人憂君言有客輕公侯扁舟相從古揚州致之四馬恨無力千里相望同異域誦詩空使四坐驚隱居未易凡人測史君南歸無限情鴻飛攜書墮我庭此書兼置昔年客袖中秀句淮山青老夫强顏依府縣堆案文書本非願清談亹亹解人頤安得坐右長相見狂客吾非賀季眞醉吟君似謫仙人未契長遭少年笑白髮應慙傾蓋新都城酒貴誰當換塵埃汙

面非良筭歸來泗上苦思君莫待黄花秋爛漫秦君與家兄子瞻約秋後再遊彭城

送龔鼎臣諫議移守青州二首

稷下諸公今幾人三爲祭酒髮如銀梁王宫殿歸罍鑰尙父山河屬老臣沂水弦歌重會點菑川故舊識平津過家定有金錢費千里爭看衣錦身

面山負海古諸侯信美東方第一州勝勢未容秦地險奇花僅比雒城優新絲出盎冬裘具貢粟登場歲事休鈴閣虚閑官釀熟應容將佐得遨遊

送余京同年兄通判嵐州

矯矯吳越士遠爲幷代行寒暄雖云異慷慨慰平生我昔在濟南君時事淄靑連年食羊炙便欲忘蓴羹問君棄鄉國何似樊屣輕丈夫事所志歸去無田耕閑官少愧恥教子終餘齡定心養浩氣閉目收元精此志我亦然偶與長者幷會合不可期未易夸者評

次韻王鞏見寄

觸事如棊一一低昏然一睡更何知賈生流落南遷後陶令衰遲歸去時去住由人眞水母簞瓢粗足亦山雌年來未省談堯舜一吷龕疏豈足吹

河上莫歸過南湖二絕

西來白水滿南池走馬池邊日落時橋底荷花無限思淸香乞與路人知

淤田水淺客來遲解舫都門問幾時誰道兩京雞犬接差除屈指未曾知

送提刑孫頎少卿移湖北轉運

持節憂邦刑職業已自簡下車攝噐都談笑事亦辦開軒揖佳客退食事書卷爲政會幾何淸風自無限官居歲月迫歸念湖湘遠依依東軒竹凜凜故人面詔書遂公私使節許新換舊治行當經家山企可見宦遊得鄉國勞苦顧猶願歸旆正滂洋行轍豈容緩

次韻劉涇見寄

天之蒼蒼亦何有亦有雲漢爲之章人生混沌一氣耳嘿嘿何用

知肺腸孔公孟子巧言語剖瓢插竹吹笙簧含宮吐角千萬變坐

令隱伏皆形相我生禀賦本微薄氤氳方寸不自藏譬如蘭根在

黄土春風驅迫生繁香口占手寫豈得已此亦未免物所將方將

寂寞自收斂不受世俗斗尺量既知仍作未能止紛紜竟亦類彼

莊煎烹心脾擢胃腎自令鬢髮驚秋霜嗟予獨未知此病從横自

恃觜爪剛少年一見非俗物鏘然修竹鳴孤凰近來直欲扛九鼎

令我畏見筆力強提攜童子從寇者揣摩五帝論三皇詩書近日

貴新說掃除舊學漫無光竊攘瞿曇剽李耳宰挽性命推陰陽狂
流滾滾去不返長夜漫漫未遽央詞鋒俊發魯連子嶄愧田巴稱
老蒼是非得失子自了一醉早醒余所望

城南訪張恕

事似棼絲撥不開秋隨脫葉暗相催城南綠野宜幽步水北紅塵
漫作堆赤棗青瓜報豐熟黃雞白酒勸徘徊此中眞有醇風在一
畝何年斸草萊

同李倅鈞訪趙嗣恭留飲南園晚衙先歸

城南高樓出喬木下有方塘秋水足新霜未變草木鮮晚日旋催

梨棗熟雨荒松菊半榛莽風老菰蒲初瑟縮門前大路多塵土日中過客無留轂開門卻埽如有待下馬升堂眞不速勸我一振衣上黃臨風共倒樽中淥肴蔬草草意不盡絲竹泠泠暗相屬琳宮仙伯自閒暇幕府麄官苦煩促晚衙簿領當及期後堂車轄要須漉令人更愧東宮師眷戀溪山棄華屋

次韻轉運使鮮于侁新堂月夜

長愛陶先生閑居棄官後床上臥看書門前自栽柳低徊顧微祿畢竟誰挽袖索莫秋後蜂青熒曉天宿惟將不繫舟託此春江灑尺書慰窮獨秀句驚枯朽遙知新堂夜明月入杯酒千里共清光

照我茅簷漏

送梁交供知莫州

猛士當令守四方中原諸將近相望一樽度日空閒暇千騎臨邊
自激昂談笑定先降虜使詩書仍得靖戎行君看宿將何承矩安
用摧鋒百戰場

秋祀高禖二絶

蕩蕩巍巍堯舜前一邜惟見栢森然後來秦漢何堪數跋扈飛揚
得幾年

乾德年中初一新頽垣破瓦委荆榛興亡舉墜干戈際閒暇方知

國有人

過興教贈釗上人

四十年間此院留臨河看盡往還舟同來並是三年客聽説行藏

各自羞

次韻王肇代書

去年河上送君時我醉看君倒接䍦一笑便成經歲隔扁舟重到

滿城知舊傳北海偏憐客新怪東方苦憩饑應笑長安居不易空

吟原上草離離

次韻南湖清飲二首

翠箔紅窗映大堤遠來清飲歎參差盈盈積水東西隔脈脈幽懷

彼此知淥酒謾傳工破悶主人何敢怪顰眉明朝看月雲開未試

與詹家一問龜

坐客經年半已非喜君重到暫相依不嫌愛酒樽頻倒只怕題詩

紙屢飛耿耿幽懷誰與愬徐徐細酌未應違從今更肯相過否幾

誤風吹白版扉

次韻偶成

交情淡泊久彌新吏役縈纏日益紛香火社中真避世簿書叢裏

強論文樽罍正及明蟾夜舟楫來隨早鴈羣世俗如君今有幾眞

將富貴等浮雲

中秋見月寄子瞻

西風吹暑天益高明月耿耿分秋毫彭城閉門青嶂合臥聽百步鳴飛濤使君攜客登燕子月色着人冷如水筵前不設鼓與鐘處處笛聲相應起浮雲卷盡流金丸戲馬臺西山鬱蟠杯中深酒一時盡衣上白露三更寒扁舟明日泝古汴回首邊巡陵谷變河吞巨野入長淮城沒黃流只三版明年築城城似山伐木爲堤堤更堅黃樓未成河已退空有遺蹟令人看城頭見月應更好河流深處今生草子孫幸免魚鼈食歌舞聊寬使君老南都從事老更貧

羞見青天月照人飛鶴投籠不能出會是彭城坐中客

次韻王鞏自詠

平生未省爲人忙貧賤安閑氣味長粗免趨時頭似葆稍能忍事腹如囊簡書見迫身今老樽酒聞呼首一昂欲挽天河聊自洗塵埃滿面鬢眉黃

次韻王鞏同飲王廷老度支家戲詠

白魚紫蟹早霜前有酒何須問聖賢上客遠來工緩頰雙鬟爲出小垂肩新傳大曲皆精絕忽發狂言亦可憐莫怪貧家少還往自須先辦買花錢

送王鞏之徐州

遨遊公卿間結交非不足高秋遠行邁黃泥沒馬腹問君胡爲爾笑擷籬間菊故人彭城守久作中朝逐詩書自娛戲樽俎當誰屬相望鶴頸引欲往龜頭縮前期失不遂浪語頻遭督黃樓適已就白酒行亦熟登高暢遠情戲馬有前躅篇章雜笑語行草爛盈幅歸來貯篋笥把玩比金玉吾兄別我久憂患欲誰告孤高多風霆彈射畏顛覆白頭日益新歲寒喜君獨紛紛衆草中冉冉凌霜竹恨我閉籠樊無由託君轂

次韻張恕九日寄子瞻

無限黃花簇短籬濁醪霜蟹正堪持坐曹漫爾誇劉痒割肉何妨誚詆欺世外罇罍終自放俗間簿領莫相縻茱萸插遍知人少談笑須公一解頤王摩詰詩云遙知兄弟登高處插遍茱萸少一人

戲次前韻寄王鞏二首

白馬貂裘錦幕籬離觴瀲灩手親持頭風欲待歌詞愈肺病甘從酒力欺不分歸心太怱草更憐人事苦縈縻相逢借問空長歎便捨靈龜看朵頤

細竹寒花出短籬故山耕耒手曾持宦遊蹔比鳧鷖集歸計長遭句僂欺歌舞夢回空歷記友朋飛去自難縻悠悠後會須經歲冉

丹霜鬒漸滿頭

贈杭僧道濟

月中依松鶴露下把蕉蟬賦形已孤潔發響仍清圓㵿師本江海

浪迹遊市廛髭長不能翦衲壞聊復穿瘦骨見圖畫禪心雜棼絲

出言可人意一一皆自然問師藏何深不與世俗傳胄議犇學士

復從瑾老年塵埃既脫落文彩自精鮮落祉中人知我亦有癖

柰何一相見撫卷坐長歎歸去勿復言山林信多賢

張安道生日二首

猪年七十二迴新逢矢桑弧記此晨叢誠丹砂無上藥已超諸數

自由身中年道路趨眞境外物功名委世人今夜空庭香火罷定

應星斗識天眞

十載從公鬢似蓬羡公英氣老猶克生時別得星辰力晚歲仍加

鼎竈功世事不堪開眼看勞生漸恐轉頭空問公試覓刀圭藥歲

歲稱觴此日中

李鈞壽花堂 并敘

尚書郎晉陵李公秉性直而和少從道士得養生法未五十去咾欲

老而不衰爲南都通守其西堂北牖下池生菖蒲開花三四芬馥

可愛以書占之曰此壽考之祥也因名其堂曰壽花而余爲作詩

記之

石上菖蒲十二節仙人服之好顏色根如蟠龍不可得葉中開花誰復識夫子自少讀道書年未五十嗜欲除河流通天非轆轤下入金鼎融爲珠一醉斗酒心自如鬼物窺覘驚睢盱菖蒲花開壽之符白髮變黑顏如朱它年三茆訪君廬拍手笑我言不虛

次韻子瞻題張公詩卷後

世俗甘枉尺所願求直尋不知一律詭大樂無完音見利心自搖慮害安得深至人不妄言淡如朱絲琴悲傷感舊俗不類騷人淫又非避世翁悶嘿遽陽瘖嘐嘐晨雞鳴豈問晴與陰世人積寸木

坐使高樓岑曉歲臥草廬誰聽梁甫吟它年楚倚相儻能記愔愔

次韻廣州陳繹諫議和陳薦宋敏求二龍圖二首

曾送飛龍白日翔未應中路許還鄉鶴歸仍有當年伴松老知經幾度霜城下寶坊聊寄榻朝中振鷺舊成行相逢出處何須問五嶺清平十月涼

右和彥升寓定力

琳宮清淨思悠哉頗似山林未肯迴五日趨朝眞自適一樽無事得頻開董狐執筆何時易馬援征蠻未遽來奔走安閑誰定是都門攜手一徘徊

右和彦升赴上醴泉

次韻王廷老寄子瞻

歌吹新成百尺臺青山臨水巧崔嵬佳人解作回文語狂客能鳴摻鼓雷擷菊傳杯醒復醉採菱盪槳去仍回新年聞欲相從飲春酒還須剩作醅

次韻頓起考試徐沂舉人見寄二首

齊楚諸生儼韠紳人人願得出君門銜枚勇鋭驚初合棄甲須臾詡許奔細讀未辭燈損目久留終厭棘爲藩定應親刈翹中楚把卷喧呼半夜言

老年從事忝南京海內交遊尚記名怯見廣場心力破厭看細字眼花生新科未暇通三尺舊曲惟知有六莖空憶倚樓秋雨霽與君看遍洛陽城前舉與頓同試西京舉人

送李鈞郎中

君家毗陵本江南雖爲浙西終未甘風流秀發自不減氣質渾樸猶中含敲榜滿前但長嘯簿書堆案常清談湖中往往載畫舫竹下小小開茅庵歌吟髣髴類騷雅導引委曲師彭聃新茶潑乳睡方覺漉酒傾水醒復酣一朝揮手去不顧使我把袂心難堪扁舟水涸費牽挽瘦馬雪凍憂朝參一官來往似秋鷰薄俸包裹如春

蠶東南乞庵尚可得白首誰念家無饒

送文與可知湖州

連持梁洋印久作溪山主深知爲郡樂但畏買茶苦來歸天祿閣坐守登聞鼓九重未明入百辟盈庭舞城南獨歸臥心事誰當語舊聞吳興勝試問天公取家貧槖裝盡歲莫輕帆舉苕溪淨多石弁嶺瘦無土湖藕雪冰絲山茶潑牛乳香粳飯玉粒鮮鯽鱠紅縷宮開水精潔人寄畫屏住俗吏自難堪詩翁正當與從來思淸絕況乃病新愈團團肘後丹鬲鬲胸中素高臥鎭夸俗淸談靜煩訴應笑杜紫微湖亭但狂顧

次韻王鞏見寄

池上輕冰暖御開迎春送臘仰銜杯君家有酒能無事客醉連宵遣不迴詩就滴消盤上蠟信來飄盡嶺頭梅商耶冷坐君知否餅罄應須有恥罍

喜雪呈鮮于子駿三首

發函寬大一封書臥閤雍容三日餘旋見雪花投夜落未應天意與人疎瓦乾漸漸初鳴霰畦潤漸漸想沒鉏高會梁園遺勝在早知詞賦似相如

春秋無麥自當書況復秋田水潦餘一雪端來救焦槁千箱乞與

等親疎消殘温癘會非藥蝕遍陳根不用鉏猶恐遠村需未足試
呼農圃問何如
爾紙鋪庭幾誤書楊花糝逕米春餘積隨平野分高下舞信微風
作客疎解使遊人似姑射仍令飛鳥變春鉏共驚天巧無能學造
物無心本亦如

次韻文務光秀才遊南湖

料峭東風助臘寒汀瀅白酒借衰顔滿床書卷何曾讀數步湖光
自不閑夢想緑楊垂後浦眼看紅杏照前山新春漸好君歸速不
見遊人暮不還湖前小山日杏山

子瞻惠雙刀

彭城一雙刀黃金錯刀鐶脊如雙引繩色如青琅玕開匣飛電落大手淸霜寒引之置膝上凜然愁肺肝我衰氣力微覽鏡毛髮斑誓將斬鯨鯢靜此滄海瀾又欲戮犀兕永息行路難有志竟不從撫刀但長歎投刀淚如霰北斗空闌干歸來刈蓬蒿鉏田植芳蘭惜刀不忍用用亦非所便棄置塵土中坐使鋒刃刓床頭夜生光知有蛟龍蟠慚君贈我意時取一磨看

留守與賓客會開元龍興寺觀燈余有故不預中夜登南城

燈引雙旌萬點紅傾城車馬在城東使君行樂人人共勸客安眠

夜夜同夢想笑談傾滿坐臥聞歌管逐春風三更試上南樓看無
限繁星十里中

欒城集卷之八　終

欒城集卷之九

宋西蜀蘇轍子由著

明東吳王執禮子敬、顧天敘禮初全校

詩七十首

春日耕者

陽氣先從土脈知老農夜起飼牛飢雨深一尺春耕利日出三竿曉餉遲婦子同來相嫵媚烏鳶飛下巧追隨紛紜政令曾何補要取終年風雨時

自柘城還府馬上

春色無人見茲行偶衆先柳黃新過雨麥綠稍鋪田河潤兼冰散

禽聲向日圓城池高受霧灘漁暖生烟送客情初惡還家意稍便

旋聞夫事起已過佛燈然簿領何時畢塵埃室自憐南湖漸可到

早治木蘭船

次韻子瞻人日獵城西

將賢士氣振令肅軍聲悄晨登戲馬臺一試胡騣褭城空巷無人

里社轉相曉吾公庶無疾但恐園囿小荊榛一焚蕩雉兎皆驚矯

翩翩白馬將手把青絲挑少小事邊徼斬刈輕茶蓼殿前賜鞍勒

珂月明皎皎自言得所事強暴無不了廟筭本詩書下策禁焚燎

當令百鍊剛甘就一指繞低回未嘗試坐被世人少秋霜一朝下
凌厲見鷙鳥爲君整驕惰重立穰苴表

送鮮于子駿還朝兼簡范景仁

蜀中耆舊今無幾相逢握手堪流涕勸遊潦倒不還家舊俗陵遲
眞委地錢荒粟帛賤如土榷峻茶鹽不成市詩書鄉校變古法節
行故人安近利欲歸長恐歸不得歸去相歡定誰是低徊有似羊
觸藩眷戀僅同雞擇米中山先生昔所愛南都攝尹和相喜窮冬
夜長一事無燈火相從夜深睡讀書萬卷老不廢感寓百篇深有
意俗吏惟知畏簡書窮途豈意逢君子春風歸騎忽西顧平日高

談應且止朝騎疋馬事朝謁莫就一床尋夢寐猶有城西范蜀公

買地城東種桃李花絮飛揚酒滿壺談笑從容詩百紙紅塵暗天

獨不知白首相看兩無愧古人避世金馬門何必柴車返田里

次韻秦觀見寄

東家有賢人西家苦相忽幽蘭委冰霜掩靄特未發春風限芳藂

爛漫安可沒東南信多士人物世不闕考槃溪山間自獻恥干謁

誰憐幽閑女艷色比南越垂耳困鹽車捐金空買骨讀書謝世事

閉門動論月予生亦羈旅處世常卒卒誰令釣竿手強復此持笏

惟餘七尺軀空洞中無物時蒙好事過解榻聊一拂野情樂江海

夢想扁舟兀隱居便醉睡世路多顛蹶榮華一朝事毀譽百年歇
相勸沐咸池陽阿晞汝髮

次韻道潛見寄

蕭蕭華髮映衰容慙愧高僧歎不逢遊宦終身空處處塵埃何日
退重重已甘憔悴雞羣鶴猶勝劬勞旱歲龍回首不堪膏火熱試
求甘露洒青松

次韻王鞏元日

庭鵲營巢初一枝餘寒未便夾羅衣春風娜娜還吹霰歲事駸駸
已發機上國遨遊誰信老中年情味秪思歸和詩應覺添新懶過

盡長空鴈北飛

送將官歐育之徐州

輕衫駿馬走春風未識彭城氣象雄靑山只在白門外明月盡屬黃樓中五斗濁醪消永日一雙鳴鏑戲晴空歸來笑殺幕府客閉戶看書滴滴窮

次韻答王鞏

君家當盛時畫戟擁朱戶中書十八年淸明日方午形容畫雲閣功業載盟府中庭三槐在遺迹百世睹子孫盡豪俊豈類世寒窶胡爲久邅厄黽俛受侵侮往來兩都間奔走未安土願言解纓紱

歸去事農圃嘉禾根未拔且恐俟甘雨拂衣走東皐此語吾不取

聊復放襟懷淸談對儈扅躬耕未可言知田顧乃爻

次韻子瞻過淮見寄兼簡孫奕職方三首

出處平生共江淮恨不來宦遊良誤我老病賦懷哉徇物終今世

量書盡幾堆歸耕少憂患惟有仰春雷蜀中謂田無水利者爲雷鳴田

其二

龜山昔同到松竹故依然紅印封鹹豉黃罌分井泉靑天攜杖處

晚日落帆偏無限相思意新詩句句傳

其三

行役饒新喜臨川逢故人相看對泉石憐我在埃塵會合終多故分張頗有神南遊得如願夢想霅溪春

次韻王鞏留别

決策歸田豈世情網羅從此脱餘生請君速治雞黍具待我同爲沮溺耕秋社相從醵錢飲日高時作叩門聲茅廬但恐非君處籍籍朝中望已傾

次韻答孔武仲

白髮青衫不記年相逢一笑豈欣然誦詩亹亹鋸木屑展卷駸駸下水船末肯尺尋分枉直且知鑿枘有方圓閑官更似楊州學猶

得昏昏晝日眠

送傅宏著作歸覲待觀城闕

膠西前輩鄭康成千載遺風及後生舊學詩書儒術富兼通法律吏能精還家綵服頻爲壽得邑河壖喜有兵民事近來多迫促弦歌聊試武城聲律有鄭氏章句

連雨不出寄張恕

麥熟蠶繰熱似烝雨傾三尺未爲淫洗濤溝澮蚊蝱靜沒盡蒲蓮沼沚深遺秉滿田驚朽腐移牀避漏畏侵尋高閑祇有張公子臥聽蕭蕭打葉音

和子瞻自徐移湖將過宋都途中見寄五首

東武厭塵土彭門富溪山從兄百日留退食同躋攀輕帆過百步船底驚雷翻肩輿上南麓眼界涵川原愛此忽忘歸願兄且三年

我去已怱怱兄來亦崩奔承懷置酒地遶郭多雲烟

我昔去彭城明日河流至不見五斗泥但見三竿水驚風鬱飈怒跳沫高睥睨瀲灩三月餘浮沉一朝事分將食魚鼈何暇顧隣里悲傷念遺黎指顧出完壘縯堞對連山黃樓麗清泗功成始逾歲脫去如一屣空使西楚氓欲語先垂涕

千金築黃樓落成費百金誰言史君侈聊慰楚人心清秋吐明月

白壁懸青岑晃蕩河漢高恍恨窗戶深邀我二日飲不去如籠禽

史君今吳越雖往將誰尋

欲買兩家田歸種三頃稻因營山前宅遂作泗濱老奇窮少成事

飽暖未應早願輸橐中裝田家近無報平生百不遂今夕一笑倒

乜年數畝宮懸知迫枯槁

次韻劉貢父登黃樓懷子瞻二首

梁園久蕪沒何以奉君遊故城已耕稼臺觀皆荒邱池塘塵漠漠

鴈鶩空遲留俗衰賓客盡不見枚與鄒輕舟舍我南吳越多清流

青山開四面白水繞三周野闊時聞籟人閑舊據梧畫船留上客

遺迹問田夫事少日常飲才疎世未須決河初薦至勝事偶相俱

燕子卑無取滕王遠可憮飛濤隱睥睨落日麗浮圖同舍新持節專城敢遽呼未迎行部舄𢀷放下淮艫試問登消暑如何楚與吳吳與有消暑樓

再和

譪譪才名世駸駸日轉禺一時同接淅平昔共棲梧攬轡眞壯士擁旄良丈夫塵埃脫緇綬水石慰霜須勝地來相失淸樽未暇俱射餘空見帖鑄罷秪覯橅歸計何當決徂年貴早圖檻中終爲食鞲上恥聞呼顧我千羊蠹平生一釣艫微官不須滿也復試遊吳

陪杜克張恕鴻慶宮避暑

至後雨如瀉晴來熱更多簿書霑汗垢巖石思藤蘿賴有祠宮靜
時容俗客過老郎無不可公子亦能和道勝還相接禪迷屢見訶
清涼生絕念煩暑散沉痾古木便張幄鳴禽巧當歌桃香呈絳顆
瓜熟褭青羅飯細經脣滑茶新到腹過劇談時自笑飽食更無它
適意未應厭後遊眞若何官居鄰曲沼田畝助清波晚照明疎柳
微風響眾荷輕舟尚可載小雨試漁蓑

宋城宰韓秉文惠日鑄茶

君家日鑄山前住冬後茶芽麥粒麁磨轉春雷飛白雪甌傾錫水
散凝酥谿山去眼塵生面簿領埋頭汗匝膚一啜更能分幕府定

應知我俗人無

次前韻

龍鸞僅比閩團餅鹽酪應嫌北俗麁採愧吳僧身似腊點須越女手如酥舌根遺味輕浮齒腋下清風稍襲膚七盌未容留客試瓶中數問有餘無

答孔武仲

飛霜委中林不廢長松綠驚風振川野未省勁草伏我貧客去盡君來常不速愧君贈桃李永願報瓊玉我性本山林苦學筆空禿驊騮塞康莊病足顧難逐錦文衒華藻僘褐非所續家有五車書

恨不十年讀濟南昔相遇我𢀖三十六談諧傾蓋間還往白首熟
從君飲濁酒過我飯脫粟西湖多葵亂白晝下鴻鵠城西野人居
柴門擁修竹後車載鵾夷下馬瀉醽醁醉眠臥荒草空洞笑便腹
疎狂一如此豈望世收錄别來今幾何歸期已屢卜西南有薄田
茅舍清溪曲耕耘三男子伏臘當自足君能遠相尋布衣巾一幅

送吳思道道人歸吳興二絕

一去吳興十五年東歸父老幾人存惠山唯有錢夫子一寸閒田

曉日暾

遨遊海上冀逢人宴坐山中長閉門去住只今誰定是相逢一笑

各無言

次韻答陳之方祕丞

南山李將軍疋馬獨行獵田中射虎豹後騎不容躡丈夫貴自遂老大饒驚懾飄搖天地間自視如一葉故人多東南願作扁舟涉忽蒙長篇贈幸此傾蓋接時世尚新奇詩書存舊業南風吹清沛西去無停楫恨不留君談一使衆坐厭新詩苦清壯欲和再三怯東都多名卿投刺日盈篋一言苟合意富貴出旬浹行看亥石階高談曳長裾辱贈但茫然知君念疲薾

登南城有感示文務光王適秀才

幽憂隨秋至秋去憂未已城南試登望百草枯且死落葉投人懷驚鳩四面起所思不可見欲往將安至斯人定誰識顧有二三子淸風皎冰玉滄浪自漸洗竊脂未嘗穀南箕儻徵似網羅一張設投足遂無寄田深狡兎肥霜降鱸魚美造形悼前失式徽慭往士憧憧畎邛道歲晚嗟未止西山有茅屋鉏耰本吾事

張公生日 是歲己未初致仕

少年談王霸英氣干斗牛中年事軒冕徇世仍多憂晚歲探至道眷眷懷林邛今年乞身歸始與夙昔酬高秋過生日眞氣茲一周觀心比孤月視世皆浮漚表裏一融明萬物不能留顧謂憧憧人

斯樂頗曾不嗟我本俗士從公十年遊謬聞出世語俛作籠中四
俯仰迫憂患欲去安自由問公昔年樂孰與今日優山中許道士
非復長史儔腹中生棃棗結實從今秋

次韻答張耒

客舟逝將西日夜西北風維舟罷行役坐令鬢如蓬偶從二三子
步上百尺臺雲烟遍原隰敞怳令人哀山中難久居浮沉在城郭
欲學揚子雲避世天祿閣浮木寄流水行止非所期何須自爲計
水當爲我移外物不可必惟此方寸心心中有樂事手付瑟與琴
夜吟感秋詩惜此芳物零幽人亦多思起坐再三聽白駒在空林

缾罄有耻罍盡我一杯酒愁思如雲頹

次王適韻送張耒赴壽安尉二首

綠髮驚秋半欲黄官居無處覓林塘浮生已是塵勞侶病眼猶便

錦繡章羞見故人梁苑廢尋歸路蜀山長憐君顧我情依舊竹

性蕭疎未受霜

魏紅深淺配姚黄洛水家家自作塘遊客賈生多感槩閑官白傅

足篇章山分少室雲烟老宮廢連昌草木長路出嵩高應少駐孱

顏新過一番霜

次韻張耒見寄

相逢十年驚我老雙鬢蕭蕭似秋草壺將未洗兩腳泥南轅已向淮陽道我家初無負郭田茅廬半破蜀江邊生計長隨五斗米飄摇不定風中烟茹蔬飯糗不願餘茫茫海內無安居此身長似伏轅馬何日還爲縱壑魚憐君與我同一手微官骯髒羞牛後請看插版趨府門何似曲肱眠甕牖中流千金買一壺櫝中美玉不須沽洛陽榷酒味如水百錢一角空滿盂縣前女儿翠欲滴吏稀人少無晨集到官惟有懶相宜臥看南山春雨濕

次韻王適兄弟送文務光還陳

三君皆親非復客執手河梁我心惻倚門耿耿夜不眠挽袖悤悤

有難色君歸使我勞寬夢落葉鳴堦自相擁君家西歸在新歲此行未遠心先恐故山萬里知何許我欲因君亦歸去清江髣髴釣魚船脩竹平生讀書處青衫白髮我當歸咀嚼式微慙古詩少年勿作老人調被服榮名慰所思

次韻張芻諫議燕集

淮陽卧閤生清風粱園坐嘯囹圄空不知何術解髖髀但覺羈客忘樊籠樽罍灑落談笑地塵埃脫去文書叢清心漸欲無一事少年空記揮千鍾近傳移鎮股肱郡復恐入覲明光宫人生聚散不可料一杯相屬時方冬浮陽似欲作飛霰想見觀闕瓊花中孝王

會集猶可繼莫嫌作賦無枚翁聖民昔知陳州余嘗從之遊矣

臘雪五首

長恐冬無雪今朝忽暗空細聲聞蔌蔌遠勢望濛濛潤猶兼雨

傾斜半雜風豐登解多事歡喜助三農

其二

驕陽不能久密雪自相催急霰初鳴瓦飛花旋集臺昔人消癖瘦

覆麥長根荄欲試樽中物門前問客來

其三

久有歸耕意西山百畝田雪來殊不惡酒熟自相便一被簪裳裹

長遭羅網牽飛霙迫殘臘愁思渡今年

其四

憂愁不可緩風雪故相撩試問五斗米能勝一束樵耕耘終亦飽

哺啜定誰邀寒暑不須避傾危且自遙

其五

雪霜何與我憂思自傷神忠信亦何罪才名空誤身歸來聊且止

老去莫逢嗔樽酒它年事相看醉此晨

次韻王適雪晴復雪二首

驕陽得一雪踰尺應更好晨興視窗隙驚見晴霞杲九衢無停迹

狼籍須一掃空餘浩然氣凜凜接清昊餘寒薄虛室一靜解羣燥晨炊晩未供客饋慙草草試脫身上衣行問酒家保孤吟擊槁木大笑稱有道人生但如此富貴何用禱所思獨未見耿耿屬懷抱

其二

同雲自成幄飛雪來無根一爲淸風卷坐見東方暾重陰偶復合飛霰滿南軒油然靑春意已見出土萱老病一不堪惟恃濁酒溫開戶理松菊掃蕩無遺痕卷舒朝夕間誰識造化元乾坤本何施

中有神怪奔萬物極毫末顚倒何足掀老農但知種荷鉏理南園

送呂由庚推官得替還洛中二首

君家相國舊元勳凜凜中丞繼後塵談笑二年同幕府風流一倍愈它人南都去後少佳客西洛歸來多老臣我亦宦遊無久意它年松竹許相鄰

洛水畱人一向乾雪泥滑路十分寒送行我豈無樽酒多難君知久鮮歡回首衹應憐老病凌風爭看試輕翰到家定見嵩陽老問我衰遲未解官司馬君實提舉嵩山崇福宮

四十一歲歲莫日歌

小兒不知老人意賀我明年四十二人生三十百事衰四十已過良可知少年讀書不曉事坐談王霸了不疑脂車秣馬試長道一

紛然落葉下蕭條槐華屋
豈復私一木置身有得地不問直與曲青松未必貴栝檜還自足
秋風一何厲吹盡山中綠可憐凌雲條化爲樵夫束凜然造物意

次韻子瞻繫御史獄賦獄中榆槐竹柏

歲聊自遣
昔人知非不嫌晚朝求聞道行當返四十一歲不可追四十二
掩卷淚如雨平生讀書空自誤山中故人一長笑布衣脫粟何所
鉤挽卻行欲返筋力疲蝮蛇當前猛虎後脫身且免兔朝饑歸來
日百里先自期不知中途有陷穽山高日莫多荊棘長椐大楠足

右榆

盛衰日相尋循環何曾歇攀條舉柔荑回首驚脫葉綠槐陰最厚
零落今存幾千林一枯槁平地三尺雪草木何足道盈虛視新月
微陽起泉下生意未應絕

右槐

故園今何有猶有百竿竹春雷起新萌不放牛羊觸雖無朱欄擁
不見紅塵辱清風時一過交戛響鳴玉淵明避紛亂歸嗅東籬菊
嗟我獨何爲棄此北窗綠

右竹

曲如山下藤脆若溪上虀春風一張王秋霜死則已胡爲南澗中
辛勤種栢子上妓撓雲霓下根絞石齒伐之爲梁棟歲月良晚矣
白首閱時人君看柱下史

右栢

次韻子瞻贈張憨子

得罪南來正坐言道人閉口意深全天遊本自有眞樂羿彀誰知
定不賢構火瞰瞰初吐日飛流滾滾旋成川此心此去如灰冷肯
更逢人問復然

過鼂山

再涉長淮水驚呼十四年龜山老僧在相見一茫然僧老不自知

我老私自憐驅馳定何獲少壯空已捐掉頭不見答笑指岸上船

人生何足云陵谷自變遷當年此山下莫測千仞淵淵中械神物

自昔堯禹傳帆檣避石壁風雨隨香烟爾來放冬汴冷沙漲成田

褰裳六月渡中流一帶牽俯首見砂礫羣漁捕魴鱧父老但驚歎

此理未易原何況七尺軀不爲物所旋衆形要同盡獨有無生全

百年爭奪中擾擾誰相賢

放閘二首

畫舫連檣住清流汎閘平忽看銀漢落仍聽夏雷驚正樋遲迴久

開頭取次輕滯畱初一快奔駛忽如傾不識風濤恐聊同枕席行行逢賤魚稻飽食慰平生

其二

閒空非有礙水靜爲誰與開閉偶然異喧豗自不勝淵停初鏡淨勢轉忽雲崩脫險尚容與投深益沸騰玉山紛破碎陳馬急侵陵掀版千鈞重浮舟萬斛升岸搖將落木魚困或投罾洶湧曾誰止蕭條遠欲凝力爭知必折少待亦何能一發臨流笑微言早服膺

次韻王適細魚

羣魚一何微僅比毛髮大嬉遊極草草鬢鬣自箇箇造物賦羣形

偶然如一唾吞舟雖云巨其樂不相過若言無性靈還知避船梔

高郵别秦觀三首

濛濛春雨濕邦溝蓬底安眠晝擁裘知有故人家在此速將詩卷洗閑愁

筆端大字鴉棲壁袖裏清詩句琢冰送我扁舟六十里不嫌罪垢汙交朋

高安此去風濤惡猶有廬山得縱遊便欲攜君解船去念君無罪去何求

召伯埭上斗野亭

細雨添春色微風淨牖流徂年半今世生計一扁舟飯食隨魚蟹
封疆入斗牛江波方在眼磚鬻此生浮
六韻鮮于子駿遊九曲池
天高山近海春盡草生池禾黍多新恨川原自昔時花存故苑麗
樵出舊城蕪莫望瓜洲渡會經駐佛狸
揚州五詠
九曲池
稀老清彈怨廣陵隋家水調繼哀音可憐九曲遺聲盡惟有一池
春水深鳳闕蕭條荒苜外龍舟想像綠楊陰都人似有興亡恨每

到殘春一度尋

平山堂　歐陽永叔所建

堂上平看江上山晴光千里對憑欄海門僅可一二數雲夢猶吞八九寬簷外小棠陰蔽芾壁間遺墨涕汍瀾人亡坐使風流盡遺構仍須子細觀

蜀井　在大明寺

信脚東遊十二年甘泉香稻憶歸田行逢蜀井恍如夢試煮山茶意自便短綆不收容盥濯紅泥仍許置清鮮早知鄉味勝爲客遊宦何須更着鞭

摘星亭　迷樓舊址

闕角孤高特地迷迷藏渾忘日東西江流入海情無限莫雨連山醉似泥夢裏興亡應未覺後來愁思獨難齊只堪留作遊觀地看遍峰巒處處低

僧伽塔

山頭孤塔闕眞人云是僧伽第二身處處金錢追晚供家家鸞麥保新春欲求世外無心地一掃胸中累刦塵方丈近聞延老宿清朝留客語逡巡

題杜介供奉熙熙堂

門前籍籍草生徑堂上熙熙氣吐春遮眼圖書聊度日放情絲竹

最關身年來凴脫烏皮几客去時乾漉酒巾卜築城中移榜就休

心便作廣陵人

遊金山寄楊州鮮于子駿從事邵光

楊州望金山隱隱大如幞擄來長江上孤高二千尺僧居厭山小

面面貼蒼石虛樓三百間正壓江潮白清風斂霽霧曉日曜金碧

直侵魚龍居似得鬼神役我行有程度欲去空自惜風吹渡江水

山僧午方食波瀾洗我心筍蕨飽我腹平生足遊衍壯觀此云極

鐵甕本誰安海門復誰植東南遞隱見遥與此山匹玆遊幾不遂

深愧幕府客歸時日已莫正値江月黑顧視天水并坐恐星斗濕
使君何時罷登覽不可失

初至金陵

山川過雨曉光浮初看江南第一州路繞匡廬更南去懸知是處
可忘憂

欒城集卷之十

宋眉山蘇轍子由著

明東吴王執禮子敬
顧天叙禮初仝校

詩九十六首

和孔武仲金陵九詠

白鷺亭

白鷺洲前水奔騰亂馬牛亭高疑欲動船去似無憂洶湧山方壞

澄清練不收中秋誰在此明月滿城頭白鷺亭

覽輝亭

冶误治

至误玉

城裏最高處坡陁見一城山多來有緒江遠靜無聲歌吹風前度

樓臺雨後明風光同楚蜀聊此慰平生覽輝亭

鳳凰臺

鳳鳥久不至斯臺空復高何年種梧竹特地剪蓬蒿白水來無際

青山轉幾遭南遊且未返江海共滔滔鳳凰臺

天慶觀

興廢不可必冶城今靜祠松聲聞道路竹色淨軒墀江近風雲改

亭深草木滋孤墳弔遺直狂闇閔元規卞壺墓在觀側天慶觀

高齋

金陵佳處自無窮使宅幽深卽故宮樓殿六朝遺燼後江山百里
舊城中雨餘尚有金釦落月出長窺粉堞空看盡一城懷古地茲
遊恨不與君同 高齋

此君亭 在華藏寺

綠竹不可數孤亭一倍幽色分巖石潤稍出澗松脩雪節寒方見
春萌早不抽故山多此物長恨未歸休 此君亭在華藏寺

見江亭 在蔣山

江水信浩渺連山巧蔽虧端能上嶮絕故自識津涯滅沒檣竿度
飄搖鷺羽遲何人倚舟望亦愛此峯危 見江亭在蔣山

定林院

定林兩山間，崖木生欲合，茅屋倚巖隈，重重陰清樾。晨齋取旁寺，生事信幽絶，吾人定何爲，常欲依暖熱。

八功德水

君言山上泉，定有何功德，熱盡自淸涼，苦除卽甘滑。頗遭遊人病，時取破匏挹，煩惱雖云消，凜然終在臆。

遊鍾山

江南四月如三伏，北望鍾山萬松碧，杖藜試上寶公龕，衆壑秋聲起相襲。青峯回抱石城小，白練前橫大江直，石梯南下俯城闉，松徑東蟠轉山谷喬林無風聲如雨時見遊僧石上息行窮碧澗一庵巖坐弄清泉八功德歸尋晚飯衆山底困臥定林依石壁朝遊不知澗谷遠莫歸但覺穿雙屐老僧一身泉上住十年掃盡人間迹客到惟燒栢子香晨飢坐待山前粥丈夫濟時誠妄語白首居山本良策茹蔬飯糗何足道純灰洗心聊自滌失身處世足愆尤愧爾山僧少憂責

郭祥正國博醉吟庵

姑孰溪頭醉吟客歸作茅庵劣容席團團鵠卵中自明窗前月出夜更清醉吟自作溪上語不學擁鼻雒陽生詩成付與坐中讀知

有清溪可終日作詩飲酒聊復同誰來共枕溪中石圓天方地千萬里中與此間大相似囂然一息不自停水火雷風相滅起直須只作此庵看歌罷曲肱還醉眠不用騎鯨學李白東入滄海觀桑田

湖陰曲

老虎穴中卧獵夫不敢窺驊騮服箱驂盜驪巡城三匝還不知帳中晝夢日繞壁驚起知是黃須兒馬鞭七寶留道左猛士徘徊不能過遺矢如冰去已遥明日神兵下赤霄荒城至今人不住狐兔驚走風蕭蕭

舟次大雲倉回寄孔武仲

一風失前期十日不相見君帆一何駛去若乘風箭我舟一何遲出沒薇葭亂鶩中有白糟床上有黃卷妻孥不足共思子但長歎池陽重相遇撫手成一粲先行復草草回首空眷眷人生類如此遲速亦何算一見誠偶然四海良獨遠相期廬山陰把臂上雲巘

池州蕭丞相樓二首

遶郭青峯埤堄屯入城流水縠文翻樓成始覺江山勝人去方知德業尊坐久浮雲靄後嶺酒醒飛雪變前村我來邂逅公歸國猶喜登臨共一樽池守滕元發時將解去

丞相風流直至今未[illegible]山林奔馳軒冕終何有跌宕圖書意最深松繞城頭風瑟縮江浮山外氣陰森三年不起南遷想應有前人識此心

過九華山

南遷私自喜看盡江南山孤舟少僮僕此志還復難局促守破窗聯翩過重巒忽驚九華峰高拱立我前蕭然九仙人縹渺凌虛烟碧霞爲裳衣首冠青琅玕揮手謝世人可望不可攀我行竟草草安能拍其肩但聞有高士臥聽松風眠松根得茯苓狀若千歲龜煮食一朝盡終身棄腥羶腹背生綠毛輕舉如翔鸞相逢欲借問已在長松端何年脫羈𦊱出處良自便芒鞋拄藤杖逢山卽盤桓

斯人未可求巖室儻復存

佛池口遇風雨

長江五月多風暴欲行先看風日好此風忽作東南來陰雲如湧
撥不開驚雷往還轉車轂狂波低昂起坑谷中流一葉那復持卷
舒巳副天公知解帆轉柁不容語佛池口中幸可住須臾急雨變
昏霾柁師喜賀風巳回溶溪不動縈白練老木蒼崖葱葱蒨繫舟
茅屋得靑蔬試問釣船還有魚開樽引滿向妻子明日復行未須
怖險陽開闔良等閑扁舟誰令乘嶮巇

舟次磁湖以風浪留二日不得進子瞻以詩見寄作二篇答

之前篇自賦後篇次韻

慙愧江淮南北風扁舟千里得相從黃州不到六十里白浪俄生百萬重自笑一生渾類此可憐萬事不由儂夜深魂夢先飛去風雨對床聞曉鐘

西歸猶未有菟裘擬就南遷買一邛舟楫自能通蜀道林泉眞欲老黃州魚多釣戶應容貰酒熟鄰翁便可畱從此莫言身外事功名畢竟不如休

黃州陪子瞻遊武昌西山

千里到齊安三夜語不足勸我勿重陳起遊西山麓西山隔江水

輕舟亂鳬鶩連峯多回溪盛夏富草木杖策看萬松流汗升九曲
蒼茫大江湧浩蕩衆山處上方寄雲端中寺倚巖腹清泉類牛乳
煩歊須一掬縣令知客來行庖映脩竹黃鷄時新煮白酒亦近熟
山行得一飽看盡千山綠幽懷若不遂滯念每煩促歸舟浪花暝
落日金盤浴妻孥寄九江此會難再卜君看孫討虜百戰不搖目
猶憐江上臺高會飲千斛巾冠墮臺下坐使張公哭異時君再來
攜被山中宿

將還江州子瞻相送至劉郎家洑王生家飲別

相從恨不多送我三十里車湖風雨交（暫車武子故居 其水日車湖）松竹相披

靡繫舟枯木根會面兩王子嘉眉雖異郡鷄犬囿猶爾相逢勿空過一醉不須起風濤未可涉隔竹見奔駛渡江買豢豚收網得魴鯉朝畦甘瓠熟冬盎香醪美烏菱不論價白藕如泥耳誰言百口活仰給一湖水奪官正無賴生事應且爾卜居請連屋扣戶容屣履人生定何爲食足眞已矣慾尤未見雪世俗多相鄙買田信良計蔬食期沒齒手持一竿竹分子長湖尾

赤壁懷古

新破荆州得水軍鼓行夏口氣如雲千艘已共長江嶮百勝安知赤壁焚觜距方強要一鬭君臣已定勢三分古來伐國須觀釁意

□成功所未聞

自黃州還江州

身浮一葉泝溢城淩犯風濤日夜行把酒獨斟從睡重還家漸近覺身輕岸回樊口依稀見日出廬山紫翠橫家在庾公樓下泊舟人遙指岸如赬江州城下土赤如赭

江州五詠

射蛟浦

萬騎巡遊遍千帆破浪輕射蛟江水赤教戰越人驚山轉樓船影岸摧連弩聲祈招無爲賦酣寢盡平生浦上積水相傳漢武教樓船於此

水誤奉

浪井

江波浮陣雲岸壁立青鐵胡爲井中泉湧浪時驚發水性本無定得止自澄澈誰爲女媧手補此天地裂

庾樓

元規情不薄上客有殷生夜半酒將罷公來坐不驚舞翻江月迥談落麈毛輕塵世風流盡高樓空此名

東湖

讀書廬山中作郡廬山下平湖浸山腳雲峯對虛榭紅葉紛欲落白鳥時來下猶思隱居勝亂石鶩湍瀉李勃隱居廬山泉石奇勝今棲賢寺其故居也及爲

九江太守始營
東湖風物可愛

琵琶亭

湓江暮雨晴孤舟暝將發夜聞胡琴語展轉不成别草堂寄東林

雅意存北闕潸然涕泗下安用無生說

不到東西二林

山北東西寺高人永遠師來遊亦前定回首獨移時社散白蓮盡

山空玄鶴悲何年陶靖節溪上送行遲

遊廬山山陽七詠

開先瀑布

山上流泉自作溪行逢石缺瀉虹霓定知雲外波瀾闊飛到峯前本末齊入海明河驚照耀倚天長劍失提攜誰來臥枕莓苔石一洗塵心萬斛泥 開先瀑布

漱玉亭

山回不見落銀潢餘酒喧豗響石塘目亂珠璣濺空谷足寒雷電繞飛梁入餅銅鼎春茶白接竹齋厨午飯香從此出山都不棄滿田秔稻插新秧 漱玉亭

簡寂觀

山行但覺鳥聲殊漸近神仙簡寂居門外長溪淨客足山腰苦笋

助盤蔬喬松定有藏丹處大石仍存拜斗餘弟子蒼髯年八十養生世世授遺書

簡寂觀

歸宗寺

來聽歸宗早晚鐘疲勞懶上紫霄峯墨池漫疊溪中石白塔微分嶺上松佛宇爭推一山甲僧厨坐待十方供欲遊山北東西寺巖谷相連更幾重此寺王逸少所置云有墨池在焉

歸宗寺

萬杉寺

萬木青杉一手栽滿堂白佛九天來仁宗初年有僧手種萬杉特爲建此寺仍以禁中佛賜之涓涓石溜供厨足矗矗山屏遶寺開半榻松陰秋簟冷一杯香飯

午鐘催客眠飽食平生事不待山僧喚始迴 萬杉寺

三峽石橋

三峽波濤飽泝沿過橋雷雹記當年江聲長爲講唐口石角參差齾頑詰應有夜猿啼古木已將秋葉作歸船老僧未省遊巴蜀松下相逢問信然 三峽石橋

白鶴觀

五老相攜欲上天玄猿白鶴盡疑仙浮雲有意藏山頂流水無聲入稻田古木微風時起籟諸峯落日盡生煙歸來草草還城市慙愧幽人正醉眠 白鶴觀

南康阻風遊東寺

欲涉彭蠡湖南風未相許扁舟厭搖蕩古寺慰行旅重湖面南軒驚浪卷前浦霏微雪陣散顛倒玉山舞一風颿九日未悉土囊怒百里斷行舟仰看飛鴻度故人念征役一飯語平素竹邑淨飛濤松聲亂秋雨我生足憂患十載不安處南北已兼忘遲速何須數

寄題陳憲郎中竹軒

家有修篁緣滿軒趨庭詩禮舊忘言淩霜自得良朋友過雨時添好子孫試蒻輕筠扶野步旋收涼葉煮清樽風流共道勝桑梓鄰里何妨種百根

次韻孔武仲到官後見寄

舉棹同千里繫舟時一言共嗟蓬作屋願就席爲門行役身先困征商思益昏僅同登壟斷何止服車轅

次韻筠守毛維瞻司封觀修城三首

扎垣荆棘舊成堆留待公來次第開車馬已通城下路榛蕪盡付治家灰異時碧瓦千門合應記紅旌百度來自笑禪譏便曠野肩輿飛蓋許追陪

撥棄案頭文字堆曉晴山色四門開究懷民事老雖壯俛首山城心已灰荆棘燒殘桑柘出狐狸去盡犬鷄來規模先遣通蹊隧後

乘應客衆客陪

山鄉侵城起阜堆遶城徼道斬新開闉闍半壞驚潮信隍壍初深
見劫灰蟻聚千夫曾幾日鱗差萬瓦看將來史君才力輕山郡朝
論行聞急召陪

次子瞻夜字韻作中秋對月二篇一以贈王郎一以寄子瞻

平明坐曹黄昏歸終歲得閑惟有夜已邀明月出牆東更遣清風
掃庭下城上青鬟四山合門前白練長江瀉誰家高會吹參差鄰
婦悲歌春罷亞二年憂患今已過一夜清光天所借西京詩句出
蘇李南國風流數王謝已隨孤棹去中原肯顧新科求上舍讀書

本自比嵇鍛學劍要須問曹蔗清觴灩灩君莫違佳句駸駸予已

怕狂夫猖狂終累人不返行遭親黨罵

十年秋月照相思相從祇有彭門夜露僾笳鼓思城闕寒迫魚龍

舞潭下厭厭夜飲歡自足落落襟懷向人瀉秋深河來巨野溢水

乾樓起滕王亞北海孔公雖好客河內寇君那得借是非朝野忽

紛紜得喪芳菲一開謝明月多情還入門流水何知空繞舍晨餐

江市富鱣魴夜宿山村足梨蔗坐隅鵩鳥不須問牆外蝮蛇猶足

怕妻公見唾行自乾馮老尚多誰定罵

次韻王適食茅栗

飧誤

相從萬里試南餐對案長思苜蓿盤山栗滿籃兼白黑村醪入口

牛甜酸久聞牛尾何曾試竊比雞頭意未安故國霜蓬如盌大夜

來彈劍似馮驩

過毛國鎮夜飲

風格照人華省郎江山遶郭古仙鄉漫傳鉛鼎八百歲未比金釵

十二行不動歌聲人已醉旋聞詩句夜初長簿書撥盡知餘力道

院清虛頃未嘗

次韻毛國鎮趙景仁唱和三首一贈毛一贈趙一自詠

治劇從容緩策銜鈴軒無事日清談隼旗晝戟明千里紙帳繩床

自一菴金奏屢陳容客和玉山不動看賓酣我來邂逅逢寬政忘卻漂流身在南

一紙新詩過雁銜醒然何異接君談奉親魚稻兼臨海退食琴書定有菴一別經年眞似夢多憂不飲亦如酣共君友契非今日蔽芾棠陰自劍南

遠謫江湖舳尾銜到來辛苦向誰談畏人野鶴長依嶺厭事山僧祗住菴黃雀頓來成一飽白醪新熟喜初酣疎頑近日尤堪笑坐任飄風去自南

再和三首

送誤

穴鼠何須窶數銜䶂官不用苦高談夜傾綠蟻風吹竹晝擁黃紬雪覆菴每作微詞還自笑偶慚餘潤亦成酣公詩精絕非倫擬自古騷人盡在南

燕巢泥土一春銜慙愧封侯止立談舊隱向聞存竹徑歸休但要葺茅菴釣船夢想沿溪泛酒盞遙思向日酣強欲遲留依幕府吳公行恐召河南

天敎窮困欲誰銜生事那須一一談自笑豐年塵滿甑不堪雨後菌生菴士師憔悴經三黜陶令幽憂付一酣他日歸耕苦相憶尺書頻寄北山南

次韻王適州學新修水閣

昔逢巨艇兩春容何幸幽居近學宮坐對江山增浩氣力追齊魯欲同風頌詩聞道求何武家法行看試士雄欲伴少年遊覽相奔軍慚愧悲詞窮

次韻毛君九日

山僻使旗盡足豪登高處處喜催鬼手拈霜菊香無奈面拂江風酒自開幕府尊罍雲集民家歌吹靜中來定知勝卻陶彭澤悵望籬邊白日頹

次韻毛君感事書懷

種棠經歲便成科秋雨調勻氣漸和才力有餘嫌事少風情無限
覺詩多長松更老仍添節古井雖深自不波宴坐山房人豈識一
尊聊且慰蹉跎

次韻毛君見督和詩

新詩落紙一城傳顧我疎蕪豈足編他日杜陵詩集裡韋迢路已
兩三篇

次韻毛君山房遣興

欲就陽崖暖新開石磴斜誰言太守宅自是野人家燕坐收心鐵
冥觀閲界沙退公長寂寞外物自喧譁鈌逕移松補斜陽種竹遮

白雲生後礎孤鶩伴殘霞破悶時尋鶴呼眠亦任鴉喜聞糟出甕屢問菊開花古井元依斗丹砂舊養芽蚍蜉頻上案猿狖巧分櫨客到扁舟遠年侵兩鬢華心搖挂風旆眼暗隔輕紗強撥橫肱睡來從插版衙隱居慙棄擲勝地每咨嗟頑鈍終何取彫磨豈復加焦先夙所尚圜舍恰如蝸

和胡教授蒙太守策試諸生

著籍初同闕里多釆芹先致魯風和欲將大策觀胸膽盡召中堂列雁鵝終日正言何忌諱幾人餘力尚委蛇豈惟太守知爲政仍見先生善設科

和毛君州宅八詠

鳳凰山

山川蟠踞偶成形威鳳低回久未行更種梧桐眞可致高飛性似伯夷清

披仙亭

仙翁舊住蜀江邊千歲歸來一鶴翩城郭已非人事改淒凉遺迹但披仙

方沼亭

池上茅簷覆水低早來秋雨尚虹霓敗荷折葦飛鴻下正憶漁舟

泊故溪 方沼亭

翠樾亭

一夜飛霜點綠苔曉庭黃葉掃成堆簷間翠樾彫踈盡却放牆東好月來 翠樾亭

李八百洞

洞府山川百里餘洞門藤蔓鎖烟霞神仙不與人間異弟妹還應共一家 李八百洞

煉丹井

井燒丹八百年塵緣消盡果初圓石床蘚甃人安在綠水團團

按仍以井字為是

一片天 煉丹亭

磨劍池

神仙鑄劍本無硎岸古班班尚鐵銑天上少年仍狡獪不須還爾

對方平 磨劍池

山房

岸幘攜筇夜夜來蒲團紙帳竹香臺直須覔取僧爲伴更爲開菴

斸草萊 山房

次韻毛君病中菊未開

病肺秋深霧雨傷舊繒故絮喜清涼菊花金粟未曾吐桂酒鵝兒

空自黄草木亦知年有閏風霜漸近月方陽十月爲陽月得詩聞道維
摩病欲到毘耶言已忘

雨中宿酒務

微官終日守糟缸風雨凄凄夜渡江早歲謬知儒術貴安眠近喜
壯心降夜深唧唧醅鳴甕睡起蕭蕭葉打窗阮籍作官都爲酒不
須分别恨南邦

次韻毛君經旬不用鞭朴

共喜秋深酒味醇官曹休假不須旬政寬境内棠陰合訟去庭中
草色新不惜牛刀時一割已因鼪鼠發千鈞歲終誰爲公書考豈

止江西第一人

次韻李撫辰屯田修州門

六月江濤壁壘頹蒼崖翠巘就新臺咄嗟雙闕還依舊咫尺羣山
信有材畫戟風生兩衙退飛橋日出萬人來不因毀圮催輿築誰
見雍容治劇才

飲酒過量肺疾復作

朝蒙麴塵居夜傍糟床臥鼻香黍麥熟眼亂缾罌過囊中衣已空
口角涎虛嚥啜嘗未云足盜飲恐深坐使君信寬仁高會慰寒餓
西樓適新成明月猶半破擁簷青山橫拂檻流水播雕槃貯霜實

銀盎薦秋糯共言文字歡豈待紅裙佐懽知醍醐滑不悟頗羅太
夜歸晴擔潑晨起畔失磨情懷忽忘年落藥餌費調和衰年足奇窮
一醉仍歎坷清尊自不惡多病欲何營眠公詩少年舉白不論箇
歌吟雜朝暮笑言爭披襟平明起相覓銳氣倉未挫達人遺形骸
騖馬蹇豈坐不知迷世網但解厭歲課不見獨醒人終費招魂些

衢州趙閎道少師濯纓亭

拄冠纓上已無塵猶愛滄光碧照人點檢舊遊真石在掃除詩念
白鷗親一尊父老龕金盡三逕松筠生事負他日兩公數人物丹
青添入縣圖新

茶花二首

黄蘖春芽大麥麤傾山倒谷採無餘只疑殘枿陽和盡尚有幽花
霰雪初耿耿清香崖菊淡依依秀色嶺梅如經冬結子猶堪種一
畝荒園試爲鉏

細嚼花鬚味亦長新芽一粟葉間藏稍經臘雪侵肌瘦旋得春雷
發地狂開落空山誰比數烝烹來歲最先嘗枝枯葉硬天眞在踏
遍牛羊未改香

次韻毛君山房卽事十首

案牘稀疎意自閑夜闌幽夢曉方回靑苔紅葉騷人事時見詩篇

打循聲

忘身先要解忘名分別須明是不平請看早朝稍入履何如卧聽

苔相憐

溪山付與醉中仙美酒何曾斗十千就得江邊魚稻閒官未用

暖侵軒

蛩卯秋候時鳴聲清徹不出門隱几無言心有得南窗晴日

紫翠間

東晉仙人佳舊山定應天意許公閒郡人欲問史君處天指參巒

去又來

禽啼秋來不復圓桐陰霜後亦成空黃花強欲招酣飲白髮偏工
報老年

邂逅清歡屢不期病來無奈羽觴飛醉乘籃轝江邊去長伴漁舟
月下歸

醉裡題詩偏韻惡秋來勸酒盃杯深不才多病俱非敵綠綺緣何
得報金

庵中獨宿雨垂垂永夜無人欹竹扉灰冷銅爐香欲滅床頭一點
葛燈微

觸事隨緣不用多華堂玉食奈憂何美人未厭山阿陋薜荔爲裳

帶女蘿

再和十首

澗草巖花日日開江南秋盡似春回旋開還落無人顧惟有山蜂

暖尙來

江上孤城面面山居人也自不曾閑蜂遊蟻聚知何事日夜長橋

南北間

城郭村墟共水雲槿籬竹屋映柴門隱居亦有高人在岸幘無言

倚釣軒

一官疎散自疑仙三考應成醉日千早病固須閑地著多憂長被

達人憐

養生尤復要功圓灑滴南溪石自牽近見牢山陳道士微言約我

更三年牢山陳道士璞近過此叩之竟無所云約三年當再見

張公詩社見公名公昔與張伯達爲唱和之友白首山城歎不平坐客要聞新

樂府應須溢口琵琶聲

高情日與故山期鴻鵠誰言也倦飛且聽漁人強哺啜坐中羈客

畏公歸

天爲多才故欲禁府門擢落漲江深鼎新翠壁排精鐵湧出飛樓

直百金

低三格

樓上青山遶四垂畫橋百步引朱扉落成當與公同上一看長江白練微

歌舞留賓意自多華燈數問夜如何白頭病客無才思慣臥茅簷長薜蘿

鈞州二詠

牛尾狸

首如狸尾如牛攀條捷嶮如猱猴橘柚爲漿栗爲餱筋肉不足惟膏油深居簡出善自謀尋蹤發窟并執囚蓄租分散身爲羞松薪瓦甑烝浮浮壓入糟盎肥欲流熊肪羊酪眞比儔引筋將舉訊何

尤無功竊食人所仇

右牛尾狸

黃雀

秋風下黃雀飛禾田熟黃雀肥羣飛蔽室日色薄巡巡百頃禾爲稀翩翻巧捷多且微精丸妙繳舉輒遠乘時席勢不可揮一朝風雨寒霏霏肉多翅重天時非農夫舉網驚合圍懸頸系足膚無衣百箇同缶仍相依頭顱萬里行不歸北方居人厭羞豨咀嚼聊發一笑欷

右黃雀

欒城集卷之十終

欒城集卷之十一

（宋）眉山蘇轍子由著

（明）東吳王執禮子敬 顧天敘禮初仝校

詩八十六首

和毛君新葺園菴船齋

厭居華屋住東菴，直味全勝食薺甘。多病維摩長隱几，無心彌勒便同龕。謀遊田舍空成笑，謾入僧房卻欲參。風靈不知吹有萬，月明聊共影成三。齋初小舫才容住，室類空囷定不貪。擁褐放衙人寂寞，脫巾漉酒鬢鬖鬖。畫壺書帙推窗案，蠶裹瓢樽挂壁簷。佇風霜曾不到盆花蜂蝶未全諳公餘野鵲驚初睡賓醉佳人笑劇談勸客巨觥那得避和詩難韻不容探曉來霏霧連江氣冬後溫風帶嶺嵐去國屢成還蜀夢忘憂惟有對公酣終身徇祿知何益投檄歸耕貧未堪借我此庵泥藥竈古書鴻寶試淮南

寒雨

江南殊氣候冬雨作春寒冰雪期方遠蕉絺意始闌未妨溪草綠先恐嶺梅殘忽發中原念貂裘據錦鞍

積雨二首

山雨無時歇江波上岸流泥深未免出橋斷更堪憂房淺鄰糟甕

宵寒攬絮裘朝來勢未已歸路恐操舟

其二

微陽力尚淺未解破重陰雲氣山川滿江流日夜深凍牙生滯穗
餘潤及重衾泥濘沉車轂農輸絕苦心

戲贈李朝散

江霧霏霏作雪天樽前醉倒不知寒後堂桃李春猶晚試覓酥花
子細看

戲答

銀瓶瀉酒正霜天玉麈生風夜更寒下客不辭投轄飲好花猶恐

缺兩葉半

隔簾看

臨江蕭氏家寶堂

高人不解作生涯唯有中堂書五車竹簡多於孔氏壁牙籤新似鄴侯家田園豈是子孫計青紫今爲里巷誇富貴早知皆有命君應未厭十年賒

和蕭刓察推賀族叔司理登科還鄉四首

家聲籍籍大江西臨老揮毫捧御題得意何殊少年樂還家不惜醉如泥

讀盡家藏萬卷書蕭然華髮宦遊初區區獄掾何須愧聊把春秋

試緒餘漢儒以春秋決獄

作官未減讀書勤簿領從今日日新汗簡韋編誰付予傳家應有

下帷人

巷南諸子足才賢邂逅相逢秀句傳強作短章同寄興異時見我

一依然

次韻吳厚秀才見贈三首

騷人思苦骨巖巖百里攜詩相就談故作微詞挑遷客不嫌春雨

濕歸衫少年舊喜登高賦老病今成見敵慙問我近來誰復可對

君聊擬誦周南

久欲歸田計未成羡君負郭足爲生躬耕不用千鍾祿高臥誰知萬里征已覺安閑眞樂事可憐辛苦盡浮名隱居便作江南計爲覓佳山早寄聲

一卷新詩錦一端掉頭吟諷識芳酸哀歌永夜悲牛角朗詠扁舟笑杏壇間發笙簧猶可擬棄捐斤斧定知難繼君高韻君應笑噱嚼歸途久據鞍

次韻毛君燒松花六絕

茅菴紙帳學僧眠爐爇松花取易然唯有未能忘酒在手傾金盞鬬垂蓮

麫雜松黄二月天盤敲松子早霜寒山家一物都無棄狼籍乾花

最後般〔蜀人以松黄爲餅甚美〕

松老香多氣自嚴餘烟勃鬱透疎簾須臾過盡惟灰在借問誰收

一番〔去聲〕炎

美人寒甚懶開扉金作松花插簟羅幾度低頭疑墮落青烟已斷

未消時

枯蕚鱗皴不復堅重重正似半開蓮曾經樵舍塼爐見未許邦君

晝閤然

黄蠟供炊自一家錙銖貧富遞矜誇都城爭買方薪貴卻顧松花

已自奢

陪毛君遊黄仙觀

李叟仙居仍近市黄公道院亦依城定應昔日山林地未有今時
雞犬聲白鶴翻飛終不返黄冠憔悴只躬耕試從車騎尋遺跡悲
有居人解養生

次韻王適梅花

江梅似欲競新年照水窺林態愈妍霜重清香渾欲滴月明素質
自生煙未成細實驚猶薄半落南枝意可憐誰寫江西風物樣徐
家舊有數枝傳

次韻王適春雪二首

江南春候寒猶劇細雨風吹作雪花中夜窗扉初晃蕩平明草木
半欹斜閑偎江柳排金縷光雜山茶點絳葩老病不堪乘曉出紛
紛能使鬢增華

春雪飄搖旋不成依稀履跡散空庭山藏複閣猶殘白日照南峯
已半青

毛君惠溫柑荔支二絕

楚山黃犢彈丸小未識洞庭三寸柑不有風流吳越客誰令千里
送江南

荔子生紅無奈遠陳家曬白到猶難雖無驛騎紅塵起尙得佳人一笑歡

次韻王適員如寺

江上春雨過城中春草深擾擾市井塵悠悠溪谷心東郊大愚山自古簷蔔林微言久不聞墜緒誰當尋道俗數百人請聞海潮音齋罷車馬散萬籟俱消沉新亭面南山積霧開重陰蕭然偶有得懷抱方愔愔我坐米鹽間日被塵垢侵不知山中趣強作山中吟

次韻王適新燕

好雨纖纖潤客衣新來雙燕力猶微似嫌春早無人見故待簾開

掠地飛南國花期知不遠中原寒劇未應歸養雛不怕巢成早記取朝朝爲啟扉

官居卽事

官局紛紜簿領迷生緣瑣細老農齊偸安旋種十年木肉食還須五母鷄對酒不嘗憐酤榷釣魚無術漫臨溪此身已分長貧賤執爨縫裳愧老妻

陪毛君夜遊北園

池塘草生春尚淺桃李飛花初片片一尊花下夜忘歸燈火爭春畏春晚春風暗度人不知滿園紅白已離披江南春雨少晴日露

細雨濛濛江霧長坐曹聊且免泥奔賣麯酤酒知同病一笑何勞

次韻馮弋同年

慰人心

故鄉東望蓴齋白和香濃村落深漂泊江南春欲盡山橙易蕭

山橙花口號

樂醉歸不用怕山公馬上接䍦先倒著

飛燕勝朝日月暗還須明月珠美人勸我殊非惡明日來無此

袖中玄珂接葉燈光裡雨簾風柔雪不如精神炫轉影扶疎夜看

坐青天能幾時折花口恐傷花意摘索就花花定喜落蕊飄香翠

賦北門

送王適徐州赴舉

送別江南春雨淫北方誰是子知音性如白玉燒猶冷文似朱弦
叩愈深萬里同舟寬老病一杯分袂發悲吟明年牓上看名姓楊
柳春風正似今

遊吳氏園

細雨作寒晴便暖好風吹袂意初佳清池解洗春心熱紅艷能添
醉眼花紫竹暗生岷岫筍山丹強比洛人家憐渠巧與閑官便申
退來遊未覺賒

江州周寺丞泳夷亭

行過廬山不得上溢江城邊一惆悵羨君山下有夷亭千巖萬壑長相向山中李生好讀書出山作郡山前居手開平湖浸山脚未肯即與廬山踈道州一去應嫌遠千里思山夢中見青山長見恐君嫌要須罷郡歸來看

次韻毛君遊陳氏園

增築園亭草木新損花風雨怨頻頻篔簹似欲迎初暑芍藥猶堪送晚春薄暮出城仍有伴攜壺藉草更無巡歸軒有喜知誰見道上從橫滿醉人

江漲

山中三日雨江水一丈高崩騰沒洲渚淫溢浸蓬蒿凌晨我有適出門舟自操中壓已易肆下道先容舠鷄犬萃墳冢牛羊逾圈牢厨薪散流柹囷米爲浮糟臥席不遑卷釗繭仍未繅老弱但坐視閭里將安逃徙居共擾擾來勢方滔滔嗟余偶同病哀爾爲生勞晴日慰人願寒風送驚濤藩籬出舊趾鼁蚌遺平皐流竄非擇地艱難理宜遭胡爲苦戚戚一夕生二毛

和子瞻鐵拄杖

截竹爲杖瘦且輕石堅竹破誤汝行削木爲杖輕且好道遠木折

恐不到閫君鐵杖七尺長色如黑虵氣如霜提攜但恐汝無力撞
堅過嶮安能傷柳公雖老尚強健閉門卻掃不復將知公足力無
嶮阻憐公未有登山侶回生四海惟一身袖中長劍為兩人洞庭
漫天不覺過半酣起舞驚鬼神願公此杖亦如此適意遨遊日千
里歸來倚壁示時人海外蒼茫空自記

競渡

史君欲聽榜人謳一夜江波拍岸流父老不知招屈恨少年爭作
弄潮遊長鯨破浪聊堪比小旆逆風殊未收角勝爭先非老事凭
闌寓目思悠悠

登郡譙偶見姜應明司馬醉歸

蒼然莫色映樓臺江市遊人夜未迴何處酒仙無一事肩輿鼾睡過橋來

送姜司馬

七歲立談明主前江湖晚節弄漁船鬬鷄誰識城東老喪馬方知塞上賢生計未成歸去詠草書時發醉中顛當年不解看齊物氣踴如山誰見憐

寄題趙岍承事戲綵堂

春曉安輿遍浙東永嘉別乘喜無窮橐裝已笑分諸子吏道何勞

問薛公堂上壽樽諸掾集室中禪論衲僧通輿闌卻返林泉去驀

府長留孝弟風

次韻溫守李鈞見寄兼簡毛大夫

梁苑相從簿領中淸風相逐畫船東婆娑江海凌雲鶴飲啄籠樊

失渚鴻別後丹砂迷舊訣愁來白髮變衰翁此間詩老仍勍敵正

憶高吟酒盞空

次韻洞山克文長老

無地容錐卓年來轉覺貧偶知珠在手一任甑生塵贏逐非關性

顚狂卻甚眞此心誰復識試語洞山人

試院唱酬十一首

戲呈試官呂防

新秋風月正凉天，空館相看學坐禪。滿榻詩書愁病眼，隔牆砧杵

思高眠。霜飛一葉凋瓊玉，風遶雙松奏管絃。聞道熊羆歸夢數，侵

天闈棘漫森然。

次韻呂君豐城寶氣亭

紫氣飛空不自謀，誰憐𪓟勉匣中留。西山猛獸橫行甚，北海長鯨

何日收。星斗不堪供醉舞，蛟龍會看反重湫。功成變化無蹤跡，望

斷中原百尺樓。

次韻呂君見贈

偶然傾蓋接清言，不覺門前晝漏傳。老病低摧方伏櫪，壯心堅銳正當年。莫嫌客舍一杯酒，試論灊山三祖禪。明日程文堆几案，只應衰懶得安眠。呂前官舒州問禪灊山

右

次韻呂君興善寺靜軒

自恨尋山計苦遲，年過四十始知非。小軒迎客如招隱，野鳥窺人自識機。窗外竹深孤鶴下，堦前菊秀晚蜂飛。老僧戰勝長幽寂，瘦骨緣何未肯肥。

右

觀試進士呈試官

呂前九字大字在題下

松庭散朝日棘戶啟秋風鴟鷺紛來下旌旗儼未攻馳詞看倚馬餘力送征鴻逸足誰先到孤標想晴空晶熒雙鏡並高下片言公老病方耽睡飛沉一夢中

次前韻

南國號多士幾人洙泗風英材自入彀壞陣不勞攻文縟山藏豹飛高弋慕鴻嵒妍歸品藻得失付虛空考行先推本登賢旋奏公期君綏歸轡一醉鹿鳴中

戲呈試官

只隔牆東便是家悄悄還似在天涯客心不耐聽松雨歸信猶堪

飲菊花翦燭看書良寂寞披沙見玉忽喧譁自慚空館難留客試問姮娥稍駐車

次前韻三首　右戲呈試官

老去在家同出家楞伽四卷即生涯麄詩怪我心猶壯細字憐君眼未花霜落初驚衾簟冷酒酣猶喜笑言譁歸心知有三秋恨莫學匆匆下坂車

門前溪水似漁家流浪江湖歸未涯邂逅高人來說法支離枯木旋開花諸生試罷書如積劇縣歸時訟正譁安得騎鯨從李白試看牛女轉雲車

濁醪能使客忘家屈指歸期已有涯魚化昨宵驚細雨鹿鳴他日飲寒花已諳江上肴蔬薄莫笑衙前鼓笛譁太守況兼鄉曲舊曾須投轄止行車

試罷後偶作 [右次前韻三首]

重門閉不開烏烏相呼樂晨暉轉簾影微風響松末喧譁適已定寂歷方有覺人生竟何事外物巧相縛當時不自悟已過空成怍耕耘亦何苦遊宦殊自惡棄彼既已誤就此良應錯誰能卽兩忘隨緣更無作 [右]

放牓後次韻毛守見招

飽食安眠愧不材疎簾翠帟幸相陪深居正厭銀袍亂失喜初聞鐵鎖開佳句徑㨾探古錦小槽仍報滴新醅諸人欲見風流伯不用招呼亦自來

送毛滂齋郎

先志承顔善養親束裝騎馬試爲臣酒觴天予渾無敵詩律家傳便出人擁鼻高吟方自得折腰奔走漸勞神歸來一笑須勤取花發陳吳二月春

燕貢士

泮水生芹藻千旄在浚城桑鴉同變響苹鹿共和鳴秋晚槐先隕

霜多佳向榮清尊助勸觴急管發驩聲勇銳青衿士淹通白髮生

芬芳雜蘭菊變化等鵾鯨去日衣冠盛歸時里巷驚坐中詞賦客

愧爾一經明

次韻毛君清居探菊

眼前黃葉投清霜耳畔啼蛩怨夜長佳節欣聞近蒐菊清商試爲

奏伊涼踈狂久笑謀生拙貧病應憐爲口忙今日共君拚一醉從

教人道亦高陽

次韻毛君見贈

江國騷人不耐秋夜吟清句曉相投鋒藏豈願囊中脫尾斷終非

俎上菴擇地何年眞得意傭糟是處可同遊南遷倘有公知我八
事何須更預謀

次韻毛君偶成

年來衰病正相兼薄宦奔馳尚未厭詩句空多渾漫興俗緣已重
不須添聱牙向物知難合疎懶憐公獨未嫌時聽淵明詠歸去猶
應爲我故遲淹

孔平仲著作江州官舍小菴

近山不作看山計引水新成照水菴閉口忘言中自飽安心度日
更誰參簡編圍繞穿書蠹窗戶低回作繭蠶我亦一軒容膝住敝

裘麄飯有餘甘

送饒州周沃秀才覓解

少年工作賦中歲復窮經驥老終知道劍埋新發硎東裴隣里助答策友朋聽還似臨淄貢隨風起北溟

雪中洞山黃蘗二禪師相訪

江南氣暖冬未回北風吹雪真快哉雪中訪我二大士試問此雪從何來君不見六月赤日起冰雹又不見臘月幽谷寒花開紛然變化一彈指不妨明鏡無纖埃

毛國鎮生日二絕

生日元同小趙公里閭相接往還逍怪公日夜歸心切欲寄此生丹竈中世謂叔平大趙參政閣道小趙參政趙公善養生故有丹竈之句

聞公歸橐尚空虛近送楞嚴十卷書心地本無生滅處定逢生日亦如如

次韻毛君將歸

疎傅思歸不待時孟軻出晝若行遲新詩尚許留章句故事誰從問典彝金馬尚應堪避世石泉未信可忘饑不才似我真當去零落衡茅隔雍岐

送楊騰山人

胸中萬卷書不如一囊錢不見楊夫子歲晚蹈邊夜歸空床臥
兩手摩湧泉窗前雪花落眞火中自然渙然發微潤飛上崑崙顛
霏霏雨甘露稍稍流丹田閉目內自視色如黃金姸至陽不獨凝
當與純陰堅一窮百不遂此事終無緣君看抱朴子共推古神仙
無錢買丹砂遺恨盈塵編歸去守茅屋道成要有年

次韻子瞻與安節夜坐三首

前山積雪暮崢嶸燕坐微聞落瓦聲共對一尊通夜語相看萬里
故鄉情信歸嶺上寒梅遠恨極江南春草生明日青銅添白髮且
須醉睡倒燈檠

第一機夜永庵中詩自得日高門外客來稀此心寂定誰能觀祇

白髮憂民帶減圍頻聞慵賦將歸近傳道士連三[illegible]八悟禪門

次韻毛君上書求歸未報

看誦鐵醉長歌

不勝憶昔俯仰成陳迹白首蹉跎畏後生歸去且安南巷樂莫

謫官似我無歸計落第憐渠有屈聲握手天涯同一笑倚門歲晚

題案上鐵燈歌

漸忘[illegible]功名八已知前錯[illegible]家猶須畢此生家世讀書難便廢浸

少年高論浩崢嶸老學寒蟬不復聲目斷家山空記路手披禪冊

送毛君致仕還鄉

問天乞得不貲身屋指人間今幾人魚縱江潭真隱宅鶴飛松嶺
倍精神清風吹雨停歸鞚舊圃留花送晩春自號勾雲知有意便
從丹竈拂埃塵

次韻毛君留别

中池有土閉重關夜夜發天光走玉環白日對人人不識幅巾破帽
任塵埃

次韻毛君絶句

有丁寧記莫違

古人避世事，豈問家有無。但言鴻鵠性，不受樊籠拘。公家昔盛時，阡陌連三衢。倉廪濟寒餓，婚嫁營羈孤。千金赴高義，脫手曾須臾。晚爲二千石，得不償所逋。撫掌不復言，但以文字娛。我恨見公遲，冉冉垂霜鬚。高吟看落筆，劇飲驚倒壺。負罪不自知，適意忘憂虞。忽聞叩天閽，言旋故山廬。朋友不及謀，親戚亦驚呼。人生各有意，何暇問俗徒。嗟我好奇節，歎公眞丈夫。天高片帆遠，目斷清風徂。惟應東宮保，迎笑相攜扶。

贈景福順長老二首 并序

軾幼侍先君，聞嘗遊廬山，過圓通，見訥禪師，留連久之。元豐五年以譴居高安景福順公不遠百里惠然來訪自言昔從訥於圓通逮與先君遊歲月遷謝今三十六年矣二公皆吾里人訥之化去已十一年而順公年七十四神完氣定聰明了達對之悵然懷想疇昔作二篇贈之

屈指江西老多言劍外人身心已無著鄉黨漫相親黨逐知何取周旋意甚眞仍將大雷雨一洗百生塵

其二

念昔先君子南遊四十年相看順老在想見訥師賢歲歷風輪轉禪心海月圓常情計延促無語對潸然

次韻孔平仲著作見寄四首

昔在京城南，成均對茅屋。清晨屣履過，不顧車擊轂。時有江南生，能使多士服。同儕畏鋒鋭，兄弟更馳逐。文成劇翻水，賦罷有餘燭。連收領底髭，未耗髀中肉。飛騰囷中路，黽勉啄場粟。歸來九江上，家有十畝竹。一官麄包裹，萬卷中自足。還如白司馬，日聽杜鵑哭。我來萬里外，命與江波觸。罪重懃故人，囊空仰微祿。已爲達士笑，尚謂愚者福。米鹽日草草，奔走常碌碌。尺書慰貧病，佳句爛珪玉。多難畏人知，胡爲强題目。徂年慕桑梓，歸念寄鴻鵠。但願洗餘愆，躬耕江一曲。

（其二）

其居天地間大類一間屋推排出高下何異車轉轂死生本晝夜
禍福固倚伏誰令塵垢昏浪與紛華逐譬如薪中火外照不自燭
感君探至道勸我滅粱肉虛心有遺味實腹不須粟芬敷謝桃杏
清勁比松竹息微知氣定睡少驗神足胡為嗜一飽坐使百神哭
要知冉砂異不受腥腐觸可憐山林姿自縛斗升祿君看出世士
肯屑世間福寧從市井遊與眾同碌碌不願東冠裳腰金佩鳴玉
斯人今何在未易識凡目恐在廬山中飛翔逐黃鵠試用物色尋
應歌紫芝曲

其三

百病侵形骸漸老同破屋中有一寸空能用輻與轂忽如丹砂走不受凡火伏前瞻已不遠後躡愈難逐將炊甑中飯未悟窗下燭聰明役聲形口腹嗜魚肉塵泥翳泉井荆棘敗禾粟未知妄指漫欲理絲竹盧山多名緇過客禮白足達觀等存亡世俗強歌哭確然金石心不畏蚊蚋觸順恐爲裳衣供施謝榮祿眞人我自有渡海笑徐福衆皆指膚膚自顧非碌碌愧君詩意厚桃李報瓊玉舉網羅衆禽有獲非一目喧啾定無用要自取黄鵠君看大方家愼勿畫一曲

其四

治生非所長兒女驚滿屋作官又迂疎不望載朱轂因緣罣罪罟

未許卽潛伏空餘讀書病日與古人逐老妻憐眼昏入夜屏燈燭

上官念貧寠時節饋醪肉衰年類蒲柳世事劇麻粟數日望歸田

寄語先栽竹文章亦細事勤苦定何足君詩四相攻欲看守陴哭

愧無卽墨巧不解火牛觸自非太學生彫琢事干祿安心已近道

閉口豈非福胡爲調狂詞玉石相落碌腹中抱丹砂舌下漱白玉

作詩雖云好未免亂心目奕秋教二人不取志鴻鵠摩詰非不言

遺韻寄終曲

何計早歸耕，忽發驪人恨，凄涼休未平。

漲江方斷渡，小棹信輕生。貧賤誰憐汝，漂浮空自驚。一官終竊食，

其三

多病我仍兼，欲就橋南宿。單衣莫雨霑，

鬢眼初上鏡，懸王靡嫌靈氣，重合江流夜深，應饑人畫困。

其二

圖書漸不禁，江南舊風俗，懸絕北來心。

積雨春連夏，新晴忽復陰，征塵張幕在，樽氣潤相侵。羨緣還須脫，

陰晴不定簡唐觀察必校并敘奠一君五首

其四

西鄰潦草客病骨瘦欒欒清夜眠孤枕淡朝餘一簞雨久愁不出
詩罷未應餐約我晴相過門前泥欲乾

其五

二子新中禁相攜泮上遊蓋閭聊度日父象从忘憂寂寞君何病
驅馳我自羞向時采芹處示日看鳧鷗

經義集卷之十一終

經義卷十一　三

欒城集卷之十二

（宋西蜀蘇轍子由著——明東吳王執禮子敬、顧天敘禮初仝校）

詩八十九首

雨後遊大愚

風光四月尚春餘，淫雨初乾積潦除。古寺蕭條仍負郭，閑官疎散
亦肩輿。摘茶戶外烝黃葉，掘筍林中間綠蔬。一飽人生眞易足，試
營茅屋傍僧居。

送高安羅令審禮

一邑憂勞水旱中牛刀閑暇似無功政成仍喜新醽熟歸去還將舊槖空淸白久聞誇父老沉埋誰爲愬諸公謫居長恨交遊少悵望肩輿又欲東

送唐覲

溪上幽居少四鄰西家幸有著書人經年食菜誰憐瘦終日題詩自不貧身在江湖釣竿地心馳蘭會戰車塵此行便有飛騰處笑殺年來老病身唐君常欲爲陝西官慨然有功名之志

次韻唐覲送姜應明謁新昌杜簿

夫子雖窮氣浩然輕簑短笠傲江天薄遊到處唯耽酒歸去無心

若問田泮上講官殊不俗山中老簿亦疑仙相從未足還辭去欲
向曹溪更問禪 姜如晦方作嶺外之行

新種芭蕉

芭蕉移種未多時濯濯芳莖已數圍畢竟空心何所有欹傾大葉
不勝肥蕭騷莫雨鳴山樂狼籍秋霜脫傲衣堂上幽人觀幻久逢
人指示此身非

次韻姜應明黃龔山中見寄

垂老閑居味更深此身隨世任浮沉北窗未厭曲肱臥西落能傳
擁鼻吟疋馬徬徨猶寄食敝裘安樂信無心我今漂泊還相似同

愧高僧支道林

次韻黃大臨秀才見寄

故人聚散霜前葉往事眇茫風際烟遊宦一生非有已隱居萬事不由天崎嶇檻穽方謀食嘯傲山林肯計年賴已將心問盧老相逢他日笑風顛

次韻李朝散遊洞山二首

古寺依山占幾峰精廬髣髴類天宮三年欲到官爲礙百里相望意自通無事佛僧何處著人羣鳥獸不妨同眼前簿領何時脫一笑相看丈室中

僧老經時不出山泛望延客未曾關心開寶月嬋娟處身寄浮雲
出沒閒休負巾鉢誰與共迎秋水石不勝閒近來寄我金剛須欲
指胸中無所還

簡學中諸生

泮水秋生叢行涼草窗燈火亂螢光圖書細足惟須讀栽栗才供
且自强羽爵階催新節物放歌不廢近詩章廚儲最喜南遷後仍
見西鄰白鷺行

以醽酒送柳真公

床頭醲酒一年餘氣味全非卓氏壚泛與幽人試嘗看不應知是

百花鬚

次韻柳見答

桂酒無人寄豫章（江西官釀惟豫章最佳）羈愁牢落遣誰當烹煎雀竄真牽强慚愧山蜂久蓄藏江上鱠鱸橙正熟山頭吹帽菊初香漂流異日俱陳迹笑說過從想未忘

披仙亭晚飲

落日欲没多雲烟南山暝鵶歸北山樓臺城上半明滅燈火橋頭初往還江西八月熱猶在坐中遷客頭欲斑何時解綱聽歸去黃花白酒疎籬間

余居高安三年每晨入莫出輒過聖壽訪聰長老謁方子明
浴頭笑語移刻而歸歲月既久作一詩記之
朝來賣酒江南市日莫歸爲江北人禪老未嫌參請數漁舟空怪
往來頻每慚蔬飯分齋鉢時乞香泉洗病身世味漸消婚嫁了幅
巾緇衲許相親

次韻子瞻感舊見寄

少年既世味徘徊不能去老來悟前非徇[illegible]皆遊處君才最高時
鶴行雜羣中我雖非君對顧以兄弟同結髮皆讀書明月入我牖
縱橫萬餘卷臨紙但揮手學成竟無用掩卷空自疑卻尋故山友

重赴幽居期秋風送餘熱冉冉如人老衣裘當及時田廬亦須早
種竹竹生筍種稻稻亦成浩歌歸來曲曲終有遺聲

次韻和人豐歲

風雨迎寒欲勞農今年眞不負元豐蓋藏共荷官無擾眠食安知
帝有功草笠黃冠將蜡祀羔羊朋酒亦豳風請君早具躋堂飲退
食委蛇正自公

同孔常父作張夫人詩

女子勿言弱男兒何必強君看張夫人身舉十五喪頭上脫笄珥
篋中斥襦裳築墳連邱山松栢鬱蒼蒼親戚不爲助涕泣感道傍

昔有王氏老身爲尚書郎親死棄不葬齋禱日翱翔白骨委廬陵

宦遊在岐陽一日有丈夫軒軒類佯狂相面識心腹開口言災祥

嗟汝平生事不了命誰當汝身暖絲綿汝口甘稻粱衣食未嘗廢

此事乃可忘一言中所心投身拜其床傍人漫不知相視空茫茫

絫言汝不廢物理久必償兒女病手足相隨就淪亡歸來本愚悍

適耳風吹嚮明年及前期長子憂許瘍一麾守巴峽雙柩還故鄉

弱息雖僅存蹤跡亦非良誰言天地寬綱目固自張古事遂不信

近事世所詳企張非求禍敗當徵王嘉祐末年李士寧言王君事於右扶風其都甚速張夭八南都人孔推官常作詩言其賢邀余同作余言李生事或足以警世云

次烟字韻答黃庭堅

病卧江干須帶雪老捻書卷眼生烟貧如陶令仍耽酒窮似湘纍不問天令弟近應憐廢學大兄昔許叩延年此閒蔬茹隨僧供相見能容醉後顛魯直兄舊於齊州以養生見敎

東軒長老二絶并引

始余於官舍營東軒彭城曹君煥子文自浮光訪余於高安道過黃岡家兄子瞻以詩送之曰君到高安幾日迴一時抖擻舊塵埃贈君一籠牢收取盛取東軒長老來君過廬山見圓通知愼禪師出詩示之師嘗與余通書見之欣然明日謂君昨見黃

州詩還夕不寐以一偈繼之曰東軒長老未相逢卻見黃州一
信通何用揚眉資目擊須知千里事同風吾野人不能數爲書
君爲我誦之而已君既至未暇及此客有自廬山至者曰懷師
送客出門還入丈室燕坐而寂若乃具道其事余感之作二絕
其一以答子瞻其二以答懷也
東軒正似虛空樣何處人家籠解盛縱使盛來無處著雪堂自有
老師兄子瞻新築東坡雪堂
擔頭挑得黃州籠行過圓通一笑開卻到山前人已寂亦無一物
可擔迴

題方子明道人東窗二首

紙窗雲葉淨香篆細烟青客到催茶磨泉聲響石鉼禪關敲每應

丹訣問無經贈我刀圭藥年來鬢變星

次前韻

閉門何所事毛髮日青青繭折登山屐塵生貰酒鉼調心開貝葉

救病讀難經定起無人見寒燈一點星

迎寄王適

投竄千山leftover不深扁舟夏涉氣如烝重來疋馬君何事歸去飛鴻

我未能養氣經年惟脫粟讀書終夜有寒燈安心且作衰慵伴海

底鯤魚會化鵬

王度支陶挽詞二首

風蹟殊不昧，聲名豈偶然。長途催騄驥，爽氣激鷹鸇。薏苡成遺恨，松楸卜遠年。凄凉故吏盡，誰泣鬣封前。

（其二）

京塵昔傾蓋，江國見佳城。零落舊冠劒，艱難孝弟兄。存亡看世俗，意氣憶平生。曉鐸知人恨，幽音亦未平。

次韻陳師仲主簿見寄

朽株難刻畫，枯葉任凋零。舊友頻相問，村酤獨未醒。山牙收細茗

江實得流萍頗似申屠子都忘足被刑

寄題江漁長官南園茅齋

白髮辛勤困小邦塵勞坐使壯心降河陽罷後成南圃彭澤歸來臥北窗畦畔草生親荷鍤床頭酒熟自傾缸因君遣我添歸興舊有茅茨濯錦江

詠霜二首

江南雪不到霜露滿山村紙被欺氈厚茅簷笑瓦温何曾凝——沼淥有意隔朝暾底日身無事高眠不出門

其二

清霜欺客病乘夜逼窗扉坐睡依爐暖細聲聞葉飛蕉稀空滿篋

砧杵旋催衣起看庭前草松筠未覺非

次韻吳厚秀才見寄

壯心摧折漸無餘早歲爲文老不如登木求魚知我拙循窠覓兎

笑君疎清尊獨酌夜方半白髮潛生歲欲除久恐交親還往絕牀

頭猶喜數行書

乾荔支

含露迎風惜不嘗故將赤日損容光紅消白瘦香猶在想見當年

十八娘

次韻王適元日幷示曹煥二首

井底屠酥浸舊方床頭冬釀壓瓊漿舊來喜與門前客終日同爲酒後狂老大心情今已盡塵埃鬢髮亦無光江南留滯歸何日萬里逢春思故鄉

放逐三年未遣回復驚爆竹起春雷祈年粗有樽中桂寄遠仍持嶺上梅莫笑牛狸抵羊酪漫將崖蜜代官醅二君未肯嫌貧病猶得衰顏一笑開

寄梅仙觀楊智遠道士

道師近在眞人峯欲往見之路無從去年許我入城市塵埃晴天

待不至莫往莫來勞我心道書寄我千黃金蠒衣肉食思慮短文字滿前看不見口傳指授要有時脫去羅綢當見之梅翁漢朝南昌尉手摩龍鱗言世事一朝拂衣去不還身騎白驎驂紅鸞我今雖復墮塵土道師何不與我語他年策足投名山相逢拍手一破顏

春雪

溫風吹破臘留雪惱新春信逐殘梅到花從半夜勻旋消微覆瓦狂下亦欺人壓竹時聞落埋萱久未伸山川濛不解樓觀洗成新擁褐僧方睡開門客屢嚬爨烟知歲稔履迹笑吾貧畦涑初生韭

泥融正賣薪寒魚爭就汕濁酒頗無惡預喜田宜麥檗飧餅餌頻

贈石臺問長老二絶　并叙

石臺長老問公本成都吳氏子棄俗出家手書法華經字細如黑蟻前後若一將誦之萬遍雖老而精進不倦脇不至席者二十有三年余來高安以鄉人相好蓋余懶而好睡見之惕然自警因贈之二小詩云

法達曾經見老盧半生勤苦一朝虚心通口誦方無礙笑把吳鸞細字書蜀中藏經往往有古仙人吳采鸞細書經卷精妙可愛

蒲團布衲一繩床心地虚明睡自亡長伴空中月天子東方行道

到西方

和毛國鎮白雲莊五詠

𥊍泉軒

卜築高深已有山，起居清潤可無泉。穿牆白練秋聲細，照屋清銅曉色鮮。已放魚蝦嫌跳擲，更除蘋藻任漪漣。只應明月中宵下，長共禪心相向圓。

右𥊍泉軒

平溪堂

清溪似與隱君謀，故入堂前漫不收。盥手從今休汲井，浮觴取意便臨流。花漂澗谷來應遠，石激琴箏久未休。莫把朱欄強圍繞，山

家事事要清幽

眺遠臺　右平溪堂

山似高人長遠人不登高處見無因築臺土石無多子照眼峯巒得許新陣馬奔騰時絶遠風濤舒卷忽無垠白雲自是逃名處猶恐此中藏隱淪

右眺遠臺

濯纓菴

臨池濯足惜泉清纓上無塵且强名橫木爲橋便獨往結茅依島類天成往還漸少人誰識寢食無爲身轉輕有似三吳朱處士釣魚誰與話西征

右濯纓菴

（白雲莊偶題）

歸去攜家住白雲，雲中猿鶴許同羣。陶公酒後詩偏好，疎傳金餘
客屢醺。芒屩潛行逐漁釣，壺漿時出勞耕耘。卻看人世應微笑，未
熟黃粱晝夢紛。

右白雲莊偶題

次韻王適落日江上二首

寒烟羃清江，漁唱扁舟上。江轉少人家，自此知安往。維舟倚鼓濤。

（其二）

明月獨相向，欲曉醉應醒。還逐輕鷗颺。

稍息南市喧，初上東山月。潛魚忽驚躍，飢雁時斷絕。落葉誤投鐵。

回飆吹橫烟燒火急林藪草深徑漸密荆棘時挂肘褰衣涉沮洳
路繞古城後雲烟遠相望雞犬亦時有人還市井罷日落狐兔走
身爲江城吏心似野田叟尋僧忽忘歸飽食真攜手畏人久成性

同王適曹熾遊清居院步還所居

幻何妨彼亦如

老病初發筆縱橫中自喜賦形深穩妙無餘傳然挂壁低頭笑俱
滌倒形骸山上樓每經風雨輒凋瘵吟君爲寫支離狀異日長看

張秀才見寫陋容

鬢霜疑積雪甚其良難入愛此元氣鍊

斜絶汙池口投荒分岑寂欹側吾自取二君獨何爲經歲坐相守

遊從之車騎飲食厭菘韭周旋未忍棄辛苦亦何負歸來倚南窗

試挹樽中酒笑問黃泥行此味還同否子瞻謫居齊安自臨皋亭遊東坡路過黃泥坂作黃泥坂詞二君皆新自齊安來故云

次韻王適春雨

久遭客禁徃還稀風雨蕭條只自知春色有情猶入眼客愁無賴巧侵眉山僧寄語收茶日野老留人供社時久住不須嫌寂寞此間偏與拙相宜

和子瞻蜜酒歌

蜂王舉家千萬口黃蠟爲糧蜜爲酒口銜澗水拾花鬚沮洳滿房何不有山中醉飽誰得知割脾分蜜會無遺調和知與酒同法試披麴蘖眞相宜城中禁酒如禁盜三百靑銅愁杜老先生年來無俸錢一斗徑須囊一倒餔糟不聽漁父言煉蜜深愧仙人傳掉頭不問辟穀藥忍饑不如長醉眠

次韻講律李司理憲見贈

強將羔雁聘黃嬭破褐疎巾倚夕暉禮律縱橫開卷盡虀鹽冷落待賢非日高几案弦歌罷夜永窗扉燈火微猶喜江邊莫春近舞雩風雨得同歸

六韻王道遊陳氏園

宿雨晴來春已晚眾花飄盡野猶香舞雩便可同沂上欲覲何妨

似洛陽新圃近聞穿沼灑漲江初喜放用長年求鐘領樂人甚何

訐相償入醉鄉

答孔平仲一偈

熟睡將經作枕頭君家事業太悠悠要須睡著元非睡未可昏昏

便爾休

竈毛兔角號空虛既被無收豈是無自有真無遍諸有燈光何礙

也嫌濕

次韻柳眞公閑居春日

春寒漸欲減衣綿雨勢冥冥水拍天一局無言消日永新詩得意許人傳惜花田地應慵掃護筍藩籬可細編好事報君知我意同官欲到得閑眠

次韻王適東軒即事三首

新竹依牆未出尋牆東桃李卻成林池塘草長初饒夢村落鶯啼恰稱心江滿船頭朝欲轉泥融屐齒莫尤深閑門憐子成書癖試買村醪相伴斟

眼看東鄰五畝花茅簷竹戶野人家過牆每欲隨飛蝶歸舍誰憐

問黃蘗長老疾

青衫行路難歸耕未有計且復謁閑官

采芹已老洛沂尚莫刺緩長嘆息旨稽閒千黃卷忘憂日

從李德司理遊新喻

君參我頗裁詩

欲生見吾猶流水余山遣歸夢遊絲向日邊頭病相將渾欲懶

北園春草徑微用賴移蕭滅蛟聲陣紛紛初若露鸞巢淺

許從運也自嘉

已置鴻幽客偶來成晚飯郎僧何日客新茶二年氣味長如此歸

四大俱非五蘊空身心河岳盡消鎔病根何處容他住日夜還將
藥石攻

復次烟字韻答黃大臨庭堅見寄二首

水竹遮藏白一川日高茅屋始炊烟犬牙春米新秋後麥粒烝茶
欲社天冠蓋只今成棄物杉松他日記栽年定應笑我勞生在卯
睡聞呼衣爲顛

十載懷思寤寐間新詩態度比雲烟淸風吹我無千里明月隨人
共一天歸去林泉應避暑北征道路恐經年與君共愧知時鶴養
子先依罘栢顛

次韻子瞻臨皋新葺南堂五絕

江聲六月撼長堤雪嶺千重過屋西一葉軒昂方斷渡南堂蕭散
夢寒溪

旅食三年已是家堂成非陋亦非華何方道士知人意授與爐中
一粒砂

北牖清風正滿床東坡野菜漫充腸華池自有醍醐味丈室仍聞
簷蔔香

嬾入漸熟客居酒故客親留爲種蔬住穩不論歸有日神通何患
出無車

客去知公醉欲眠酒醒寒月噎江烟床頭復有三升蜜貧困相資

恐是天

次韻王適大水

高安昔到歲方閏大水初去城如墟危譙墮地瓦破裂長橋斷纜

船逃遁漂浮隙穴亂羣蟻奔走沙礫摧嘉蔬里閭破散兵火後飲

食徹陋魚蝦餘投荒豈復有便地適災祇復傷羸軀人言西有蛟

蜃穴閏年每與風雷俱漫溝淦壑恣游蕩傾崖拔木會須臾鷄豚

浪走不復保老稚裸泣空長吁滯留再與茲水會淪胥未哂斯民

愚人生所遇偶然耳得失何用分錙銖

以下缺

贈三局能師二絶

得失從來似偶然因師聊復問行年此生竟墮陰陽數方信修行力未全

旅食江干秋復春歸耕未遂不勝貧憑師細考何年月可買山田養病身

臨川陳憲大夫挽詞二首

一時冠蓋盛臨川直亮推公益友先淡泊朱絲初少味蕭疎翠竹久彌鮮崎嶇處世曾何病奔走成功亦偶然天理更疎終不失雍雍今見子孫賢

五月扁舟憶過門，哀憐逐客爲招魂。開樽不惜清泉潔，揮汗相看白雨翻。病起清言驚苦瘦，歸休尺牘尚相存。秋風灑涕松楸外，談笑猶疑對竹軒。（公家有竹軒，輒嘗賦詩）

次韻知郡賈蕃大夫思歸

江城漂泊最多時，邂逅誰令長者期。得坎浮槎應有命，投林驚鵲且安枝。何年笑語還爾客，終日勤勞數問兒。鈴閣清虛非此比，秋風歸興恐非宜。

久不作詩呈王適

憐君多病仍經暑，笑我微官長坐曹。落日東軒談不足，秋風北棹

意空勞懶將詞賦占鴉臆頻夢江湖把蟹螯筆硯生塵空度日他
年何用繼離騷

喜王犖承事北歸

同罪南遷驚最遠乘流北下喜先歸謂言一笑秋風後却顧千山
驛路非嶺外雲烟隨夢遠江邊魚蟹爲人肥還家嫁女都無事臥
讀詩書盡掩扉

予初到筠卽於酒務庭中種竹四叢杉二本及今三年二物
皆茂秋八月洗竹培杉偶賦短篇呈同官

種竹成叢移出簷三年慰我病厭厭翦除亂葉風初好封植孤根

笋自滌高節不知塵土辱堅姿試待雪霜害屬君留取障斜日仍記當年此滯淹

和王鞏見寄三首

南遷春及秋江湖未云半逮此歸路長始悟行日遠幽憂脫沉痼淸夢驚婉娩行行逢故人笑語雜悲泣

其二

江秋北風多歸帆未應駛天寒雁南向家書空滿紙契濶幸安平婚嫁須纓珥交遊何爲者空復念君至

其三

折葉每安心連環非所計感君扁舟返念我一廛廢懷思樂全老
疇昔忘言契丹砂儻已成白首願終惠

復次韻

滕王閣在誰攜手徐孺湖寬可放情楚客解書南國恨秦箏助發
上林鶯繫匏獨負杯中物擁鼻知逢洛下生問得長鬚添夢想蓬
窗燈火達天明 近遣僕至鍾陵還言定國與黃君魯直會於舟中燈火終夜而去

孔毅父封君挽詞二首

交契良人厚家風季婦賢詩書中有助蘋藻歲無愆象服期他日
恩封屬此年神傷自不覺吊客問潸然

其二

別日笑言重歸來藥餌憂鍾歌掩不試貝葉亂誰收恨極囊封在情多壟木稠埋文應自作一一記徽猷

上高息軒起亭二絶

山下清谿谿上市谿光山色映人烟幽亭正在人聲裡長與谿山共寂然

溪父起收罾下鯉山翁起賣焙中茶長官亦與人俱起笑擁黄紬放早衙

九月十一日書事

東墻瘦菊早開花九日金鈿已自嘉黍麥候遲初饗甕米鹽法細未還家潑醅昨夜驚泉湧洗盞今晨聽婦誇歸採茱萸重一醉不須怪閏日時差

和王適寒夜讀書

久從市井役百事廢不理感君讀書篇惜此寒夜晷殷勤附燈燭黽勉就圖史逡巡揖虞夏汗漫馳劉李斯文家舊物早歲夙從事一從慕羶腥中棄如敝屣今夕亦何夕忽如舊遊至終篇再三歎推枕不成寐人生無百年所欲知有幾懸知未必得奔走若趨市微言寄翰墨開卷入心耳胡爲棄不收所逐在難覬

和王適新葺小室

向日堂東一室存竹爲窗壁席爲門心如白月光長照氣結丹砂體自温飯軟莫嫌紅米賤酒香故取潑醅渾他年一笑同誰說伴我三年江上村

病中賈大夫相訪因遊中宮僧舍二首

江城寒氣入肌膚得告歸來强自扶五馬獨能尋杜老一床深愧致文殊體虚正覺身如幻談劇能令病自無明日出門還擾擾年來眞畏酒家壚

東鄰修竹野僧家亂柳枯桑一徑斜逐客慣曾迂短策使君何事

駐高牙蕭條已似連村塢邂逅應容設晚茶慚愧病夫無氣力隔墻空聽吏兵譁

和王適炙背讀書

少年讀書處寒夜冷無火老來百事慵炙背但空坐眼昏愁細書把卷惟恐臥寒衣補故褐家釀熟新糯微微窗影斜暖暖雲陰過昏然偶成寐鼻息已無奈兒童更笑呼書册正前墮衰懶今自由不復問冬課

同王適賦雪

北風吹雨雨不斷遍滿虛空作飛霰紙窗獨臥不成眠茅屋無聲

時一泫烏烏錯莫寒未起庭戶空明夜驚身重樓複閣爛生光絕
凋連山漫不見夾砌雙杉洗更碧滿田看草埋應爛城中閉戶無
履迹市上孤烟數晨爨細排玉著短垂簷暗結輕氷時入研撥灰
有客顧尊俎迹兎何人試鷹犬未容行役掃車轂應有老農歌麥
飯一末江城若俄頃四見白花飛面旋坐看酒甕誰敢嘗歸踏氷
泥屨成濺年來橋板斷不屬莫出肩與足憂患到家昏黑空自笑
愬婦勤勞毎長嘆牀頭有酒未用沽囊裡無錢不勞算更令雪片
大如手終勝溪瘴長熏眼謁告猶能不出門典衣共子成高讌

欒城集卷之十二 終